JN042714

ちくま新書

国際報道を問いなおす

——ウクライナ戦争とメディアの使命

杉田弘毅
Sugita Hiroki

1668

国際報道を問いなおす——ウクライナ戦争とメディアの使命【目次】

第2章　国際報道の落とし穴　065

はじめに――なぜ戦争を予想できなかったか

二〇二二年二月、ウクライナ戦争が始まった。誰しもがこんな悲劇が二一世紀の世界で起きたという事実に驚き、そして立腹したに違いない。国際報道に長く携わってきた私も、核兵器大国のロシアが隣国にあれほど残酷に侵攻するとは予想できなかった。

私はロシアのウラジーミル・プーチン大統領とサンクトペテルブルクで開かれる少人数の会合で毎年のように顔を合わせ、質問をしてきた。プーチンと世界の通信社代表との会合である。確かに年々、日本を含めた自由民主主義陣営へのプーチンの反発は強まってきており、冷ややかな態度が目立ってきていた。二〇一四年のクリミア半島の併合でG8（主要国）首脳会議から追放されても「あんなお茶を飲むだけの会議は出ても無駄だ」「欧米が決めた結果をロシアは受け入れることしか許されない。二級市民の扱いだ」と言い放っていた。あたかも自由民主主義陣営がつくったリベラルな国際枠組みはロシアの行動を縛る害悪だとして対決するかのような姿勢が言葉の端々に感じられた。

それでも私はプーチンが大規模な戦争を開始するとは予想しなかった。世界のメディアや専門家も予想できなかったのだから仕方ないと安易に結論づけたくはない。戦争を予測できなかったことは、私が携わってきた国際報道が十分なレベルに達していないという事実を歴然と示していると考えるからだ。

予見できなかった大きな理由は、本書の第2章で説明するような幻想や勝手な思い込みが世界を見る目を曇らせたことにある。プーチンは合理主義者だから自由主義陣営との関係を破壊するウクライナ侵攻に踏み切らないはずだ、という思い込みである。この思い込みをどう取り除いていくのかが、国際報道の大きな課題である。

メディアはこの戦争をどう伝えているだろうか。戦場、外交、経済、エネルギー、インテリジェンスと、あらゆる面でウクライナ戦争は世界の方向に影響を与える新時代の到来を告げている。メディアが挑戦すべき課題が次々と浮かんでくる。

この多面的な視点、特に戦争当事者であるウクライナとロシアの主張を、メディアは感情や思い込みに流されず公正に報じただろうか。米国、欧州、中国など関係国の思惑を的確にとらえたか。日本にとってのこの戦争の意味を伝えきれているか。何よりも戦場の市民の犠牲を、リアリティーをもって描けているか。

中東や北アフリカでは日常的に人道悲劇が起きている。われわれは他の人道悲劇にも十分に目を配っているか。

国際報道とは広い世界の事象を的確にとらえて報じるという、ほとんど不可能に思える仕事のことだ。だが、ウクライナ戦争という圧倒的な事実を前に、ひるんでいる時間はない。国際報道が持つ問題点、われわれ日本人が世界を見つめる際に陥りがちな落とし穴を、私の経験を題材に考えてみたい。

日本メディアの国際報道は、日本人の世界観、思想を反映している。日本の国際報道について考えてみると、メディアの報道ぶりを超えて日本人が世界をどう読むかという、より重要な視点に行き着く。さらにはその世界観の基にある日本人の思想にたどり着く。

世界を読み取ることは難しい。今回のウクライナ戦争の開戦のように大きく読み間違えることも多い。三〇年以上前の一九九〇年夏、イラクがクウェートに侵攻したときも、イラク軍の集結を知りながら、まさか戦争は起きないだろう、と私はそのときもタカをくくっていた。二〇一六年の米大統領選ではドナルド・トランプが勝利するとは予想できなかった。失敗は繰り返すのだ。

そして予想が外れると、なぜこんなことが起きたのか、これからどうなるのか、と先が読めない不安に陥ることになる。

国際報道が事態の展開を見誤る背景として、まずはニュースが起きている現場をよく知らず、入っていくことも難しいという制約がある。次に国家や地域、あるいはその指導者、イデオロギーに対してロマンや幻想、そして拒否感を抱いてしまうことがある。

また往々にして国際ニュースを知るときの最初の場である米メディアの視点に引っ張られてしまうという問題もある。世界ではそれぞれの国が事実を曲げる「もう一つの解釈」「もう一つの事実」を主張する思想戦も展開されている。世界を理解するのは一筋縄ではいかない。

本書は、こうした世界理解の難しさとそれを克服するコツを一つ一つ説明し、公正な国際理解の手助けになれば、と願って書いたものだ。そうすることで、国際取材・報道のあり方を少しでも質の高いものにしたいという思いも込めている。

この本は長い私の国際ニュース取材で抱き続けた疑問が原点になっている。

忘れもしない三三年前の大阪の夜、私はその疑問にぶつかった。

当時大阪の社会部で事件を担当していた私は、本社の外信部に上がることが決まり、世話になった大阪府警幹部の家にその報告で夜回りに行った。そこには他社の先輩も来ていて玄関先で一緒に幹部の帰宅を待つうちに雑談となった。その先輩は私の外信部志望を聞くと「やめたほうがいい」と真顔で語りだしたのだ。

「君は今、府警幹部から誰も知らない特ダネをとれる。ここはニュースの最前線だ。だけど外信部は違う。現地や欧米のマスコミが報じたものを翻訳して紹介するだけだ。最前線で最初の記録者となる興奮は得られないぞ」

昭和末期の大阪はグリコ森永事件など異様な事件が相次いでいた。その最前線に身を置いてきた身からすると、特派員として世界に派遣されても、同じ興奮を体感できるだろうかという疑問は私にもあった。何しろ当時、広い世界に日本のメディアは多いところでも五〇人程度しか特派員を送っていなかった。

世界中の出来事のすべてを自前では取材などできない。実は国際報道の多くは外国メディアの報道をなぞって紹介するだけではないか。「特派員」などとエリート風を吹かせても、はたして記者、ジャーナリストと呼べるのか。そんな疑問がふつふつと湧いてきた。

そうは言っても、飛び込んでやってみるしかない。そんな思いで上京した。

外信部に行くと、大阪の夜に生まれた悩みよりも、世界を動かすインパクトを持ったニュースの連続に圧倒された。

天安門事件、ベルリンの壁崩壊、冷戦の終わりと続けざまに歴史の歯車が回った。日本人記者は現場で徹夜で張り番し、突入する戦車部隊や反体制派集会の記事を送ってきた。

私も「最前線」に多く出くわした。

最初の出張はイラク北部のクルド人への取材だったが、すべてを自分で見聞して的外れ覚悟で記事を書くしかなかった。次はソ連からのバルト三国（エストニア、ラトビア、リトアニア）の独立。数十万人の市民が歓喜して独立を宣言する集会を次々目撃し、「歴史の最初の記録者」の興奮に震えた。湾岸戦争では、開戦から終戦まで米国の冷酷な世界戦略をつぶさに見た。

もちろん、外国メディアの翻訳、受け売りは常時身近にあった。

湾岸戦争開戦直前のイラクに入った際に、ある先輩からロイター通信と連携するようにと言われた。連携というと言葉は良いが、要はロイターのバグダッド支局で記事を見せてもらい、それをうまく日本語にまとめて原稿を送れ、ということだ。豊富な取材力を持つロイターの記事を読めば、イラク関連の表面的なニュースはすべて把握でき、過不足ない記事を楽に書ける。

だが、戦争が今起ころうとするバグダッドにまで来て現場を回らずに、ロイターの支局にどっかりと座っている気にはならなかった。だいたいロイター電を基に私が自分の記事を書けば、それは剽窃《ひょうせつ》だろう。

打ち合わせで中東全域を統括するカイロ支局に顔を出すと、ロイターやAP、BBCなどをモニターして記事をまとめる様子を見て驚いた。中東と北アフリカの合計二〇カ国をウォッチしているのだから仕方がないのだが、あらためて欧米メディアに頼る日本メディアの現実は考えさせられた。

その頃、先輩記者から聞いた言葉が印象深い。

ソ連崩壊の激動の中、バルト諸国へ応援出張した際に、一緒に取材した記者が「出張はいい。目の前で起きているニュースに集中できる」と言っていた。モスクワにいては広いソ連で起きる出来事を、国営通信社のタス通信を半信半疑で読みながら記事を書かなくてはならないが、出張すればそんなもどかしさを忘れられる。

私も目の前のことに集中したいとの思いから、その後は一つの国・事象を取材する環境を好んだ。海外支局には多くの国を担当するところもある。私は最前線的なものに引かれて、テヘラン、ニューヨーク、ワシントン二回と特派員生活は一国（ニューヨークのときは国連だけ）を受け持った。

テヘラン時代は、敵どうしだった米イラン関係の接近を、深夜の電話でこっそりと教えてくれる政府の人もいた。当時米国人記者はイランに常駐していなかったから、日本はイランの米国に向けた窓口だった。そんな興奮も一国だけを取材しているからであろう。

自前取材に集中すると思考が深まり、「日本人の視点」を意識しだした。日本人が読者だからというだけではない。日本が関係しない国際ニュースでも「日本人の視点」から見ると、自分がニュース取材の主役になっている気がしてくるのだ。

こうして私は、大阪の夜の葛藤を少しでも乗り越える工夫を身に着けた。だが、正直言ってまだまだ足りない。

さて、国際ニュースを見る際の日本人の視点とは何だろう。

国際報道は外国、特に欧米の視点に影響を受ける。外国の出来事を紹介するのだから、まずはその国のメディアが伝えたものに頼る。情報を直接入手できない場合が多いためだ。しかし、途上国のニュースであっても、欧米メディアが欧米の人々に向けて翻訳して報じたものをもう一度日本語に翻訳する二重翻訳もある。そこまで欧米に依存している。

これでは欧米的な視点に引っ張られてニュースの意味、予想を間違えることがある。欧米人は、世界は多くの困難を乗り越えて自由民主主義型の社会に向かうと信じがちだ。だから、中国のような権威主義国家、タリバンが支配するアフガニスタンのようなイスラム主義国家を否定する。ウクライナに侵攻したロシアのプーチンを「理解不能」「別世界の住民」と相手にしない。

しかし、事はそう簡単ではない。中国は共産党国家としての建国から七〇年を経ても民主化しないし、イスラム主義のイランも革命から四〇年を経ても自由民主主義にはならない。ロシアや東欧のいくつかの国、東南アジアの国々のように、いったんは民主化が進んだように見えたものの、非民主主義的体制に逆戻りしている国もある。

私の取材体験から言えば、そうした国々の人々は、自由よりも安定を選んでいる。自由がもたらす混乱よりも、専制下の安定した生活に満足している。永久に続くものではないだろうが、当面はそうなのだ。宗教的、民族的、歴史的な背景があるし、中国のように貧困を削減し中産階級を増やした実績が評価されている場合もある。欧米メディアはそうした人々の心の綾《あや》を読み取るのが苦手だ。

日本人は自由民主主義を享受する一方で、安定、和、穏やかさなどを好む。ウクライナ戦争では、ロシアによる無差別爆撃に苦しむウクライナ市民の映像が流れ、日本では「なぜウクライナは降伏しないのか。命がいちばん大事ではないか」という声が上がった。独立や自由を大事にするウクライナ人、それを後押しする欧米への疑問である。私は「降伏論」には反対するが、それぞれの国の国情によって戦争への反応は変わってくるのだ。

この世界の微妙に異なる価値観を理解しないと、国際政治の真実は分からない。自由民主主義モデルの頂点にある米国が後退する時代だから、このモデルだけで世界を理解しようとするのは難しい。そこで、米国モデルを受け入れながらも、それだけが世界を動かしているわけではない、と理解している日本人の視点が活きてくる。

世界のメディア界では依然欧米メディアが幅をきかせている。ウクライナ戦争も米英メディアの報道を基にしたものが世界を席巻した。ロシアの侵攻があまりに正当性に欠如し人道的な悲劇を引き起こしており、またロシアメディアは虚偽を流し信頼できなかった。中国やロシアのような権威主義国家の歪んだ世界観や、それに沿ったこれらの国々のメディア報道には頼れない。

一方で「Gゼロ」とも呼ばれる多極化時代にあって、米国風の見方が通じる地域が小さくなってきているのも確かだ。ロシアの横暴にあきれて中国や中東は、米国を中心とする自由民主主義陣営に寄ってくるものと期待されたが、距離感を巧みにとっている。

そんな混沌とする世界で日本の国際報道、そして日本人の世界理解を高めるためにはどうすればよいのだろうか。本書は世界を虚心坦懐に読み取る方法を考えてみたものだ。

第 1 章

先駆者たち

ベトナム戦争取材中、サイゴン北方のジャングルで解放戦線の奇襲を受ける開高健
（秋元啓一撮影、朝日新聞社提供）

1　最初の特派員

†ヨコタテが象徴するもの

日本メディアの国際報道のあり方を考えるうえで、まずはその先駆者たちの挑戦を紹介してみたい。

芥川賞作家の日野啓三（一九二九―二〇〇二年）は、作家になる前に読売新聞サイゴン特派員として八カ月滞在したときの記録『ベトナム報道』（一九六六年）の中で興味深いエピソードを紹介している。

一九六四年一二月にサイゴンに赴任した日野はすぐにAP通信のサイゴン支局に挨拶に行った。読売新聞が特約関係にあったAPからサイゴン支局が送信した記事のコピーを見せてもらう便宜を継続的に得るためだ。AP通信東京支局長の紹介状も携えていた。

しかし、日野は「APの記者たちが打った電報のカスを、まるで残飯を恵んでもらうような調子で拝読させてもらう自分の姿」を唾棄し、「彼らの世話になんかなるものか」と、自分の情報源と判断で対等に仕事することを決意する。実際日野は仏教界や公安筋などを情報源に戦争の行方を正確に予想した。

当時の国際報道について日野は赤裸々に語っている。

日野は初代のサイゴン常駐記者だが、それまで日本メディアはみなベトナムで大ニュースが起きるたびに香港などから記者を出張させていた。そうした出張型の日本人記者は、APなど外国通信社の送信原稿のコピーを基に記事を書いていたと言う。また日本の国際報道について、「通常外電（外国通信社）や外国の雑誌・新聞など、外国人記者の眼を通過した素材と論理を使い」、伝えたと日野は述べている。

「特派員」とは、その言葉が放射する、国際ニュースの現場を飛び回る輝かしいイメージとは裏腹に、欧米メディアをせっせと翻訳し紹介するという、まったく独立心のない記者だったことになる。

日野はこの本の中で驚くべきことを明らかにしている。

朝鮮戦争（一九五〇―五三年）の報道では、日本メディアはマッカーサー国連軍司令部の発表をそのまま翻訳して載せ、その後のハンガリー動乱（一九五六年）、キューバ危機（一九六二年）、ベルリン危機（一九五八―六二年）でも、日本の特派員は直接対立の現場をルポせず、外国通信社に頼った。

この二次的な報道は、「横のモノ（外国語）を縦（日本語）にする（ヨコタテ）」とよく言われる。日野はヨコタテが象徴する主体性のなさは、日本の国際報道の特徴であり、政治部や社会部のような「自分たちの国の世論と現実を動かす」という気構えが薄い、と断言している。

私も各紙の縮刷版で当時の記事を見てみたが、確かにこれらの大ニュースは、外国通信社の翻訳記事が主だった。国連安全保障理事会の動きや米大統領の声明などはニューヨークやワシントンの日本人特派員が書いたものの、紛争地に乗り込んでの記事はない。戦争や動乱の発生数日後にロンドンやウィーン、カイロなど周辺の支局から日本人特派員は国際政治への余波についての論評をまとめていた。

紛争地に入る困難や危険があったと思う。しかし太平洋戦争前から占領にかけての報道統制の名残もあるはずだ。特に占領時代は国際政治に日本が独立国家として関与できなかった。記者が自分で動いて情報を得て自分で判断するのではなく、米政府の発表や米通信社頼みで記事をまとめるのは、当時の日本人の米国への従属性の反映だったのだろう。

†マイナー・リーグ

ベトナム戦争での日本人記者の取材について、共同通信のサイゴン特派員だった亀山旭《かめやまあさひ》は著書『ベトナム戦争』（一九七二年）の中で、「日本人特派員たちは、できるだけ戦争取材にはいかないようにしていた」と指摘している。理由は日本人記者の間には、war correspondents（従軍記者）でなく、peace correspondents だという暗黙の了解があり、戦況よりもベトナム人がいかに戦争に苦しみ何を求めているかを重視したという。亀山は「毎日の米軍発表の報道などアメリカ人記者にまかせておけ」と日本人特派員の思いを説明している。

同じ共同通信で七〇年代前半にサイゴン支局長を務めた金子《かねこ》敦郎《あつお》は、駐ベトナム米大使館の報道担当官に最初に会ったとき、サイゴンには日本の特派員は朝日新聞と毎日新聞の各一人しかいないと言われて驚いたと言う。当時サイゴンには日本人記者が数十人いたからだ。だが、彼らは米大使館に直接コンタクトしていなかったのだ。他の取材源を基にしていたのだろうが、「米国の戦争」であるベトナム戦争にもかかわらず、米政府の出先である大使館の取材はしていなかった。

毎日新聞の特派員として一九七〇年代のベトナムを取材した古《こ》森《もり》義久《よしひさ》・産経新聞ワシントン駐在客員特派員は、著書『ベトナム報道1300日』の中で、日本人記者団について「マイナー・リーグでゲームをしている感は否めなかった」と書いている。

古森は日本人特派員としては異例の三年半という長さでベトナムに駐在し、サイゴン陥落の瞬間を記録し、その後も現地に残り欧米記者団に伍《ご》して報道に当たった。日本人記者団がマイナー・リーグに甘んじている理由について、任期の短さや外国語能力の低さに加えて、日本語で書くために狭い日本の島の中でしか読まれず、国際的な存在を認められないという限界を指摘している。

マイナー・リーグという見立ては古森だけのものではない。古森と同世代で、インドシナ報道で活躍した産経新聞の近藤紘一《こんどうこういち》も「全般に日本の国際報道はまだ子供の報道」(『国際報道の現場から』)と対談で語っている。

日野の「ヨコタテ」への疑問は私を含めて今の国際報道記者にも通じるものだ。だが、その葛藤をものともせずに日本人の視点と論理で伝え続けた記者もいた。ベトナム戦争はそれまでの日本の国際報道の特徴だった受け身の姿勢を変えたと言える。

ベトナムで日本人記者は継続的に現場で取材し、主体的にその意味を考え伝えた。冷戦を象徴するアジアの戦争であり、米軍の南ベトナムへの介入は、米国の圧倒的な影響下に置かれる日本の状況を連想させ同情心を誘った。日本は高度経済成長に入り、各社は常駐特派員を送り込む財政的余裕も出てきた。

†「将軍」岡村昭彦

ベトナム報道で最初に、日本人の「子供の報道」「マイナー・リーグ」を打ち破ったのは、フォトグラファーとしてベトナム戦争を取材した岡村昭彦《おかむらあきひこ》（一九二九―八五年）である。当時アジアのニュースを専門に取材し配信していたPANA通信の特派員だった。PANA通信は世界で圧倒的な影響力を持った欧米メディアのくびきからの脱却を掲げて「アジアの、アジア人による、アジアのための通信社」として一九四九年に設立された。

岡村は海軍将校を父に、大審院判事を祖父に持つ名家に生まれた。母方にも伯爵、海軍少将らがいる。だが、第二次世界大戦で私財は失われ父はパージされ学業も放棄して闇屋をしながら一家を養った。やがて部落解放運動や三池炭鉱闘争に参加し、社会活動家となった。

もともと岡村は一カ所にとどまる安定した生活になじめず、その頃交際していたタイ航空の客室乗務員に惹かれて東南アジアを目指した。頼ったのが、PANA通信の写真特派員の資格である。写真は素人だったという。

まず一九六三年春にラオスで大戦中に敗戦を迎え捕虜となったが日本に帰還せず、ラオス軍の教官として生き続けた旧日本兵を取材した。『ビルマの竪琴』を彷彿《ほうふつ》させるスクープである。

サイゴンに移った岡村は、今では考えられないほど自由にできた米軍と南ベトナム軍の従軍取材の常連となり、六四年六月には米誌『ライフ』の九ページにわたる岡村の写真企画「醜い戦争」に結実し、「第二のロバート・キャパ」と世界的な注目を浴びた。アメリカ海外記者クラブ最優秀報道写真賞、芸術選奨文部大臣賞を受賞した。彗星のように世界トップクラスの国際フォトグラファーが出現したのだ。日本のメディアにも寄稿を集中的に行い、大ブームを巻き起こした。

翌六五年春にはサイゴン郊外の解放区Dゾーンへの潜入取材を行った。南ベトナム・米軍からの取材でベトナム戦争を描いても、この戦争の本質は理解できない、という思いからだ。「向こう側」を知る必要があった。西側ジャーナリストの解放区取材は、オーストラリア出身のウィルフレッド・バーチェットのものがあったが、バーチェットは原爆投下直後の広島のルポで名声を得た後は、ソ連、中国、北朝鮮、北ベトナムなど東側の主張を伝え続け偏向が目立っていた。

岡村は解放区で四三日間拘束された。体調が悪化し絶望に陥ったが、南ベトナム解放民族戦線副議長を務めたフィン・タン・ファットの単独会見をものにした。解放戦線要人の発言を含む岡村の体験記はまたも『ライフ』に大きく掲載されて国際的スクープとなった。

岡村はベトナム取材の完結篇でもある『南ヴェトナム戦争従軍記』（一九六五年）、『続南ヴェトナム戦争従軍記』（一九六六年）を発表したが、これらはベストセラーとなり、日本人のベトナム戦争観を確定した。それは日本での敗戦体験、部落解放運動や三池闘争支援から育まれた社会正義の意識を打ち出し、具体的にはベトナム人の民族解放・独立の志を、冷戦の論理、つまりドミノ理論によって米国が軍事力で押しつぶそうとしている、というものだった。

フィン・タン・ファットは、自分は共産主義者ではなく、中国からの支援も受けておらず、独立後は非同盟・中立の政府をつくる、と岡村に言った。だが、これはすべてうそだった。解放戦線は北ベトナム、そして中国の支援を受けており、南ベトナム民衆の自発的な活動組織ではなかった。日本人としては画期的な取材をした岡村だが、解放戦線の本質を見抜くことはできなかった。

✝日本ジャーナリズムへの不信

岡村に一貫するのは日本ジャーナリズムへの不信である。

『南ヴェトナム戦争従軍記』ではベトナム戦争を取材する理由は、日本のメディアが「一番近い、皮膚の色のおなじアジアからのニュースのほとんどは、日本人の手によらず、もっぱら外国の通信社に依存している現状だ」と述べている。外国メディアに頼る日本の国際報道の欠陥を痛切に感じていた。

朝鮮戦争についても「日本のジャーナリストが戦争に従軍し、朝鮮戦争の記録が残されていたなら、今日の私は、もっとふかく戦争をみつめる目をもっていたはずだ」と書いた。日本メディアが朝鮮戦争を取材できなかったことは、先述の日野啓三の指摘通りである。岡村はベトナム取材の合間に韓国も取材している。朝鮮半島やインドシナの分断国家を取材するにつけ、平和と繁栄をひとり享受する日本へのいら立ちは募ったようだ。

平和な日本からきた記者は南ベトナム政府の弾圧にも緩慢な対応しかしない。岡村が治安警察に拘束されたときに、警察に押しかけて救出運動をしてくれたのはサイゴンに駐在する外国人記者団だったという。外国人記者たちは記者会見でもサイゴン政府を厳しく追及する。「この一分のあいまいさも許さない真剣勝負の構えが日本人記者には欠けているんだ。だから、いつも外人記者の尻ばかり追うニュースになってしまう」と嘆いた。

岡村は解放区取材で南ベトナム政府の逆鱗《げきりん》に触れ、五年間南ベトナムに入国できなくなった。ようやく南ベトナムに入国できた一九七一年には、米軍の全面的な支援を受けた南ベトナム軍のラオス侵攻作戦を取材し、その写真がまたも『ライフ』を飾った。

インドシナ戦争を取材した日本のフォトグラファーとしては、誰もがピュリッツァー賞を取った沢田教一を思う。沢田がUPI通信サイゴン支局で働くためにベトナムに入ったのは一九六五年二月だ。六六年にはピュリッツァー賞を受賞しているから、その才能と運は感服に値するのだが、岡村は沢田より二年も前からベトナムを取材している。

岡村の著書『兄貴として伝えたいこと』によると、香港で出会った沢田からベトナム行きについて、「今から行ってもおそくはないか」と聞かれたという。岡村が遅いということはありえないと答えると、沢田は決心を固め、二カ月後にはベトナムに向かった。

†岡村はなぜ行動できたのか

それにしても、写真の素人でジャーナリストとしての訓練も受けていなかった岡村の国際的な活躍はなぜ可能だったのだろうか。

PANA通信について詳細に調べた著書『PANA通信社と戦後日本』の中で岩間優希は「岡村は「よい写真」を撮ってきた。だが日本のメディアの中ではまだそれが理解されなかったようだ」と書いている。つまり、日本メディアはベトナム戦争の意味をつかめていなかったということだ。

確かに日本メディアがサイゴンへ常駐特派員を派遣したのは一九六四年八月のトンキン湾事件後だ。トンキン湾事件とは、米情報収集艦が北ベトナム魚雷の攻撃を受けたとして米議会は大統領に武力行使権限を付与し、米軍の介入が加速度的に深まった分岐点となる出来事だ。日本人は米軍の本格介入で初めて戦争の重大さに気づいた。日本人のベトナム戦争への関心はその程度だった。

先述した読売新聞の最初のベトナム常駐特派員となった日野啓三は「新聞社の外報部記者だった私でさえ、東南アジアの小さな国でゲリラ的内戦がはげしくなりかけているらしい、という程度の認識しかなかったのである。勉強して行こうにも資料さえもなかった」と指摘している。

岡村はＰＡＮＡ通信という国際メディアに籍を置くことで、ベトナム戦争を目撃する最前線記者の地位を与えられた。

†自由な戦場取材

ベトナムは記者にとって才能を伸ばす格好の舞台となった。私はベトナム戦争を取材した世代ではないが、当時の従軍がどんなものだったかを米国のＣＢＳテレビの記者にインタビューしたことがある。米軍と南ベトナム軍が発行した記者証さえ持っていれば、前線に行くヘリコプターに載せてくれ、前線では部隊幹部と一緒に行動し取材の後はまたヘリでサイゴンに帰る。きわめて取材者に親切であり、自由取材ができた戦争だったという。外国人に対しても分け隔てなくそうだった。

ニューヨーク・タイムズ紙のデビッド・ハルバースタム、ＡＰ通信のピーター・アーネットらがこうした自由な取材でベトナム戦争の泥沼を報じ、やがて米国内の反戦運動の源となり、米政府の撤退決断の一因となった。その「反省」から湾岸戦争などの後の戦争で、米軍はメディアの取材を徹底的にコントロールした。

岡村もベトナム戦争の自由な従軍取材を十分に利用した。外国人に交じっての取材に日本人記者は緊張しがちだが、岡村は日本人記者を超えたスケールを感じさせる。

日本メディアの特派員でなかったことも幸いしたのだろう。日本メディアは読者・視聴者の数に限界がある。マーケットが小さいのだ。だが、PANA通信は国際メディアだったから、『ライフ』のような世界中で読まれる雑誌に掲載され国際舞台で活躍できた。日本メディアでは解放区入りなどの危険地取材は社の許可が必要だが、PANAは記者を束縛しなかったし、岡村は現地に入ってからはフリージャーナリストのようにさまざまなメディアに寄稿した。

ベトナム人たちの悲劇を伝えてほしいという思いも岡村を助けた。息子を失った老兵士が「わたしの子供が死んでしまった。……どうか写真に写しておくれ！」と岡村に頼んだという。日本では被害者の親族は目立ちたがらないから大きな違いだ。「老兵士が、自分の子供の死を、一個人の悲しみとしてではなく、民族の悲しみとして受けとめる立派な態度。この民衆の協力が、私の素人の戦争写真を、世界的な作品につくりあげてくれた」と岡村は感謝している。

†戦争と日本人記者

岡村のベトナム取材で感じるのは、日本人としての戦争取材の責任とでも呼ぶべき使命感だ。たとえば『南ヴェトナム戦争従軍記』にはこんな記述がある。

戦争の内臓を世界中の人類の目のまえにさらけだし、地球上からそれをなくすためにはどうすればよいのかを、一人一人に問いつめてやるのだ。それこそ幼少年時代を戦争によってふみにじられた、おれたちの世代の義務であり権利だ。

岡村が言う「おれたちの世代」とは、当時ベトナムを取材した、日本人記者たちを指すのだろう。岡村は一九二九年、先述の日野も一九二九年、後述する開高健は一九三〇年にそれぞれ生まれた。一五、六歳の多感な時期に敗戦を迎えた、幼少期を戦争でふみにじられた世代だ。こうした体験が戦争への意識を先鋭にした。特に岡村は、戦争責任を担う戦前の支配層に生まれ育ったことから、戦禍に苦しむ民衆への思いが募ったのだろう。

ベトナム戦争に対する懐疑的な報道の積み重ねの結果、日本でもベトナム反戦運動が高まり、米国に撤退を求める声が日増しに高まった。そうした国際政治の歴史に残る決断に、岡村も影響を及ぼした。そんな世界的なインパクトを持った最初の日本人ジャーナリストだった。

それは欧米メディアの後追い、あるいは翻訳・紹介に終始した日本の国際報道からの明らかな脱皮だった。

2 世界をじかに見る

†行動する芥川賞作家

湘南・茅ヶ崎《ちがさき》海岸から歩いて五分、やや坂を上った見晴らしのよい場所に、開高健記念館がある。作家の開高健（一九三〇―八九年）が一九七四年から居に定め、創作に打ち込んだ家である。現在は記念館として生前の開高をしのぶ写真や揮毫《きごう》などが所狭しと展示されている。

その中でも目を引くのが、野戦服にヘルメットで木の幹にもたれかかって座り呆然と地面に目を向けている開高の写真だ（本章扉図版参照）。一九六五年二月一四日、南ベトナム軍・米軍の部隊に従軍して訪れたサイゴン北方ベン・キャット地区のジャングルで、開高は解放戦線の奇襲に遭った。降り注ぐ銃弾がたまたま止まったときに死を意識して、同行した秋元啓一カメラマンに撮ってもらったものだという。

キャンプを出発した二〇〇人の部隊が帰還したときは一七人になっていたというから、死を意識したというのも大げさではない。実際、朝日新聞は開高と秋元が「一時行方不明となった」と報じ、日本でも大騒動となった。救援部隊の援護で死地から脱出し一〇日後に帰国した開高は「幽霊でないで」と出身の大阪弁で帰国第一声を発した。

ジャングルを逃げ回った疲労感と死が近いという絶望感からか、開高は両足を投げ出し虚《うつ》ろな目をしている。「俺はこんな地で死ぬのか」といった諦念も感じる。それにしてもこの写真を見ると不思議な思いが沸く。小説家といえば書斎派のイメージがあるが、記者も躊躇《ちゆうちよ》する戦場の最前線取材に飛び込んだ事実に驚くとともに、なぜ芥川賞作家がここまで危険に身をさらすのか、という疑問だ。

開高は一二歳で父を亡くした。やがて敗戦となり大阪市立大学の学生をしながらアルバイトで家計を支え、その後同人誌に加わり創作活動を開始。また妻牧羊子《まきようこ》の紹介で寿屋（現サントリー）の宣伝部でコピーライターとして活躍した。二七歳で出世作となる『パニック』を発表、『裸の王様』で芥川賞を受賞したのは二八歳のときだった。以後石原慎太郎、大江健三郎らとともに若手作家として時代の寵児《ちょうじ》となる。

その開高がなぜベトナムに行ったのか。開高の作品は、いずれも現実に起きた出来事をモチーフにしている。『パニック』はササの結実とネズミの大発生の事態をモデルにしているし、『日本三文オペラ』は大阪にあった旧陸軍砲兵工廠《こうしょう》跡地で起きた屑鉄《くずてつ》泥棒集団「アパッチ族」と警察の戦いを描いた小説である。

一九六〇年の安保改定闘争では国会の特別委員会を傍聴し安保改定について講演するなど政治問題にも関心を向けた。日本文学代表団として中国を訪問し毛沢東、周恩来と会見したほか、欧州、ソ連、東南アジアなど海外にも出かけた。開高は一九六一年にエルサレムで開廷されたホロコーストを裁くアイヒマン裁判の傍聴にも、後述する村松剛《むらまつたけし》の後に出かけており、まさに行動する作家である。

六四年の東京五輪に合わせて「ずばり東京」というルポを『週刊朝日』に一年間連載し、それが好評だったため何かボーナスを出すと言われて「いますぐベトナムに行きたい。特派員として派遣してほしい」と頼んだという。

開高はヘミングウェイの書いた「剣が鍛えられるように、作家は社会の不正に鍛えられる」を意識し、武田泰淳《たけだたいじゅん》の「書斎にこもって酒ばかり飲んでないで町にでなさい」という助言を大事にした。「文体や発想法や主題などいろいろな面で私は自分のカラを常にやぶり続けたいと思っている」と開高は言ったが、取材はそのためにも必要だったのだ。

†先進国には書くことがない

海外の作家は革命や戦争、感染症の大流行など歴史的な大動乱に居合わせ、あるいは取材し、スケールの大きな作品を残している。開高は、「とどのつまり先進国の作家は書くことがないのである。そして後進国の作家はありすぎるのに手も足もだせないでいる」と平和日本で生きる作家の宿命を指摘した。また日本の知識人は「アレコレと書斎に閉じこもってなけなしの人生体験から出発する雲の上の演繹法による日本人論にふけっている」と痛烈に語っている。開高は多くの現場を踏んで結論を出す帰納法がスタイルというわけだ。

こうした開高の言動に対しては、三島由紀夫や吉本隆明から「進歩的知識人の思想的な「国外逃亡」」、「あのアーティクルライター（新聞記事書き）」、つまり記者の仕事であって文学者のやることではない、といった批判が浴びせられた。それに対して開高は「三島由紀夫さん。あなたは平和がきらいで血と混沌が大好きなのだから、一度あの国へいって従軍してきたらどうですか。本気でおすすめするのだ。……ボディビルなんかやめて鉄兜かぶりなさいよ。……不感症小説などウソウソしたもの書くの、およしなさいよ」と反論している。日本の作家は想像と言葉遊びにふけっていると揶揄《やゆ》しているのだ。

『週刊朝日』でのベトナム報告、そして帰国後に刊行された『ベトナム戦記』(一九六五年)は大好評を得た。六五年四月には衆議院外務委員会で特別参考人としてベトナム戦争の状況を説明し、五月には「ベトナムに平和を!市民連合」(べ平連)の呼びかけ人となり、一一月にはべ平連として『ニューヨーク・タイムズ』に反戦広告を出した。米空母から逃走した米兵の保護にもかかわり、フランスの哲学者ジャン゠ポール・サルトルや米国の反戦歌手ジョーン・バエズを招いた集会を開催し本人も各地で講演した。バリバリの左派知識人である。

開高のベトナムルポは、食や性にフォーカスしたベトナム人の生活ぶりや知識人の苦悩、仏教徒の思い、米兵のあけすけな戦争批判など、作家ならではの視点と情感を込めた描写が続く異色作だ。政治を追う硬派の新聞記者には書けないものだ。そのハイライトはジャングルでの奇襲と、サイゴンで開高らの目の前で行われた解放戦線の少年兵の処刑である。

少年の処刑を開高は「銃音がとどろいたとき、私のなかの何かが粉砕された」と書いている。同じ現場にいた日野啓三は「おれは、もう、日本へ帰りたいよ。小さな片隅の平和だけをバカみたいに大事にしたいなあ。もういいよ。もうたくさんだ」と述べたという。それは日本にいては想像できないショックを開高らに与えた。

†解放戦線への疑義

開高の『ベトナム戦記』の中におやと思わせる記述がある。それは当時日本のメディアや知識人が心情的に肩入れしていた南ベトナム解放民族戦線と北ベトナムに対する疑念、さらに言えば不信である。これは開高より少し前に戦争をルポした岡村にはない。

一九七五年四月のサイゴン陥落後は、北ベトナムに物心ともに依存し指示を受けていた解放民族戦線の実像や、北ベトナムが南を吸収して急速に自由を奪い強権体制を確立した様子は報じられた。だが、『ベトナム戦記』が書かれた一九六五年の時点での開高の解放民族戦線や北への疑念の芽生えはかなり早い。

開高は仏教徒の言葉「はじめのうちは共産主義者は宗教に対してひどくやわらかで妥協的ですが、やがて宗教を否定し、弾圧します。かならずそうです」を紹介し、自らも同意する情念を伝えている。あるいは「要するにいまの北ベトナムは、かつてのスターリン時代、あるいはかつてのハンガリー、あるいはかつてのポーランドとおなじだということになるのであった」という表現、さらには、「ベトミンはフランスを蹴りだすための独立戦争です。ベトコンはコミュニストのはじめた内戦で、二つはまったくちがうものですよ」というベトナム人の言葉を意義深そうに伝えている。ベトミンは一九四一年にホー・チ・

ミンが創設したベトナム独立同盟、ベトコンは南ベトナム解放民族戦線のことだ。

開高は一九六八年夏にサイゴンを再訪した。一九六八年一月末の旧正月（テト）に北ベトナムと解放民族戦線が南ベトナムの主要都市で繰り広げた共同作戦後だったが、このときの記録でも開高は「サイゴンでは民衆のベトコン支援の〝総蜂起〟は発生しなかった。学生は解放戦線に対して戦った」と述べている。反米・反南ベトナム政府のはずの学生が解放戦線に対して戦うことは、それまでの日本のベトナム戦争報道の常識を覆した。そこに開高は注目している。

こうした開高の見立ては、南ベトナム出身ながら北ベトナム軍に入り解放戦線を指揮しその後南に戻った帰順者の証言を詳細に点検したことから生まれたようだ。南ベトナム政府の意に沿った発言であるのだろうが、共産側の国益優先の身勝手な動きや「ヴェトコンの狂気じみた野望をみたすために私が彼ら〔多数の若い兵士〕をばかげた死に追いやった」といった証言を六八年一二月に発表した小品「ジャングルの躓《つまず》ける神」で詳細に紹介している。「ジャングルの躓ける神」というタイトル自体が、解放戦線の躓き、つまり独立でなく北ベトナムへの併合という将来を暗示しているのだ。

日野啓三は開高と同時期にベトナムで特派員生活を送ったことから帰国後も交流しており、サイゴンに繰り返し赴いていた開高と東京で会ったときの会話を後に書いている。

民族解放戦争としてのベトナム戦争という図式が一般的に出来上がっていて、「南ベトナム民族解放戦線」を反帝解放闘争の輝かしい旗手と考えるのが常識のようになっていた。ところが彼（開高）は沈痛な表情で、どうもそんな単純なことではないぞ、と言った。解放戦線軍の実体は、北ベトナム軍つまり共産軍だと言うのである。サイゴン側に帰順した解放戦線側の幹部の証言などを正確に読むと、どうやらそうらしい、と言う。ということは、解放戦線は北ベトナムのかいらいに過ぎないとしてきたアメリカの主張と同じことになる。結局いまになってみると、そのときの彼の見方が正しかったことになるのだが……。

米兵のヒューマニズム

開高のベトナム報道でもう一つ斬新だったのは米軍の表現である。

開高は英語とフランス語を理解した。米国が圧倒的な存在感を持ち、またフランスに長く統治されたベトナムだから、英語とフランス語は取材に役立ったろう。仏教寺院では漢字を使った筆談も活用した。米兵とバーで酒を飲みかわしたり、前線のキャンプで米兵と議論したりする写真もいくつか残っている。

その米軍観は肯定的だ。サイゴン北方の解放区での作戦で九死に一生を得た従軍取材などで米兵に守られて動いたことで「運命共同体」のような一体感を持ったのかもしれない。米軍の曹長が米国の介入への不満を語ったときのことを開高はこう記している。「私はうたれた。いわゆる〝アメリカン・デモクラシー〟なるものの底力を見せつけられたような気がした。彼は自国が一日に二〇〇万ドルをつぎこんで狂奔している政策をまっこうから否定したのである。しかもそれを堂々と外国記者の私にいうのである。もしこういうことを旧日本帝国陸軍のなかでいえば、その場で銃殺されたであろう」。

米国が対共産圏との冷戦構造の中で、嫌がる南ベトナムに無理やり戦争させているという、当時よく語られた戦争の構図も従軍経験から否定している。米軍は軍事顧問として派遣されているから、作戦上の決定を下すのは南ベトナム政府軍であり、米軍顧問は南ベトナム軍部隊司令官の指示に従って危険をともにし、司令官への助言も敬語であり、あくまで提案としてなされていたという。

たとえばこんな記述だ。「東京をたつときに私に〝アメリカ人はヴェトナム人をそそのかして戦争させているのだ。自分は安全な後方にいてコカコーラかなにか飲んでヴェトナム兵を顎で前線へいかせているのさ〟と教えてくれた人があったが、〝顧問団〟には命令の権利も決定の権利もないのでヴェトナム人将校に右へ行けといわれたら右へいくしかなく、左へいけといわれたら左へいくしかないのである」。

当時の日本ではこうした開高の観察も「アメリカ人の表面的なヒューマニズムに目を奪われ、戦争の本質を見失っている」と批判された。実際、その後明らかとなった大規模な枯葉剤散布作戦やソンミ村虐殺事件などを知る側からすると、開高には、米兵個人の人間らしさへの親近感を超えた、米国の非人道的で人種差別的な戦争への着眼が不足していたと言わざるを得ない。

†じかに見んといて、なにわかんねん

開高はそれまでの日本メディアのベトナム戦争観を揺さぶった。つまり米国が嫌がる南ベトナム人に解放民族戦線を破壊する戦いをさせている、あるいは解放民族戦線は北ベトナムから独立しており反米帝解放闘争の輝かしい旗手であるという描き方に疑問を投げかけた。そして日野啓三が言う通り、歴史は開高が正しかったことを証明している。

ベトナム現代史に詳しい元駐ベトナム大使の湯下博之《ゆしたひろゆき》（民間外交推進協会専務理事）にベトナム戦争の意味についてインタビューしたことがある。湯下は、ベトナム戦争が民族解放の清く美しい戦いか、それとも共産陣営による南ベトナム併合の企てかという二者択一の議論に対して「それではベトナム戦争を理解できない。ベトナム人は独立・解放を目指

し、そのために共産主義に頼った」と述べた。

結局、民族解放と共産化は一体のものだった。開高が日野に言った、ベトナム戦争は「単純なことではない」とはまさに、そのことを指したのだろう。同時に白か黒かで色分けして、闘争を美化したり、米国を一方的に悪者扱いしたりするメディアの国際報道の欠陥をあらためて感じた。

では、開高はなぜそうした複眼的で重層的な視点を持てたのだろうか。

一〇代末の文学青年の頃から付き合いがある、評論家の谷沢永一が『回想 開高健』に書き残している。開高は「理論より事実派」であり、「文献、が教える、歴史の因縁、に足をすくわれなかった」「過去から、ものを考えるのを、きらった」というのである。谷沢が紹介した開高のモットーは「じかに、見んといて、なに、わかんねん」だった。

ベトナムに行く理由を開高は谷沢に「アメリカ人、その意向、その動機、その襞……。これだけは、現場へおもむかなければ、見とどけられない、日本の反対運動は、まだほとんど知らぬことを、全部、わかったつもりでいる」と説明したという。

この思いで開高はベトナム、欧州、ソ連、中国、中東、アフリカ、南米、そして米国を駆け巡った。ビアフラ戦争や中東戦争も取材している。この現場主義が、私も含めて今の日本の国際報道記者にどれほどあるのだろうか、と問わざるを得ない。

3　複雑な世界に挑む

†大量殺人の思想

開高がベトナムに向かったのは、文芸評論家の村松剛（一九二九―九四年）の助言を受けたからだ。ヴァレリーやマルローらフランス文学の研究を極めた村松は一九六三年にベトナムを訪れ戦地を見た。この経験から開高にベトナム行きを薦めたという。

現場主義の開高からすれば、村松は同志である。村松は一九六一年にはエルサレムで開廷されたユダヤ人大量虐殺の責任者で元ナチス親衛隊中佐のアドルフ・アイヒマンの裁判を傍聴する取材に行っている。開高もアイヒマン裁判の短い傍聴記を残しているが、村松は開高より早くエルサレム入りし、裁判の傍聴記だけでなくナチズムやユダヤ教についての考察『ナチズムとユダヤ人』（一九六二年）を著した。村松はアウシュビッツ収容所の所長だったルドルフ・ヘスをモデルにしたフランスの小説『死はわが職業』を翻訳するなどナチズム研究に没頭しており、一九六一年には最初の著書『大量殺人の思想』を発表していた。まだ日本は敗戦の痛手から国際政治に居場所がなく、日本人にとって海外旅行も自由でなかった六〇年代前半のことである。

村松の長男である村松聡《むらまつあきら》・早稲田大学教授によると、アイヒマン裁判を一緒に傍聴した日本人はほかに犬養道子《いぬかいみちこ》だけだったと村松は語っていたという。犬養は五・一五事件で殺害された犬養毅の孫、戦後に法務大臣を務めた犬養健の長女で、欧米に留学し『お嬢さん放浪記』で著名なエッセイストだ。

アイヒマン裁判はホロコーストを裁く世紀の裁判として世界的な注目を浴びた。ユダヤ人哲学者ハンナ・アーレントが傍聴して「悪の陳腐さ」「凡庸さ」という表現を使い、アイヒマンやナチスの罪を軽んじていると非難を浴びたことで知られる。この世界が注目した裁判の傍聴に村松らが赴いたことからも、当時の日本の知識人がいかに世界の潮流に自ら飛び込んで思考を深めようと奮闘していたかが分かる。

村松は『サンデー毎日』からアイヒマン裁判の傍聴とルポルタージュの執筆を依頼された。だが、当時日本のメディアはエルサレムに支局など拠点はもっておらず、原稿をどう送るかの算段もついていなかった。

私の経験からすると、遠隔地での取材では通信線の確保が特派員の最大の仕事と言えるのだが、村松はたまたまチェコスロバキアのホッケーチームがイスラエルでの試合を終えて日本に向かうことを聞きつけて、テルアビブ空港で原稿と写真を託した。そして『サンデー毎日』の編集者が羽田空港で待ち受けてホッケーチームから原稿を受け取ったという。初めて会った外国人に頼み込むとは度胸がある。

村松は保守派の評論家であり、秀でた額と細身の外観から白晳《はくせき》という言葉が思い浮かぶ。世界の最先端の出来事をみようというエネルギッシュな意志はどこからきているのだろうか。

村松は、裁判では「ユダヤ人を殺して何が悪い」と言い放ちヒューマニズムや人間の尊厳に疑問を投げつけるような強烈な悪が表れると予想し、そうした人間性の暗さを探ることに思想的な関心を持ったようだ。また、フランス文学の通奏低音としてのユダヤ人、キリスト教について聖地エルサレムを見ておきたいという願望があったという。

†万人にひそむナチズム

だが、村松が見たアイヒマンは「無感動な小男」だった。法廷では防弾ガラスに囲まれた被告席に身じろぎもせず座っていた。裁判長のほうに顔を固定し傍聴席からは青白い横顔、それも頬のあたりの筋肉を絶えず神経質に痙攣《けいれん》させている頭の禿げあがった人物だった。

学歴がなくセールスマンとしてうだつがあがらない身の上に嫌気がさしてナチスに入党、

出世の夢を果たすためにヒトラーが決定したユダヤ人を絶滅しろという命令だけを忠実に、しかも徹底的に進めた。ナチス・ドイツの絶滅作戦で死亡したユダヤ人は六〇〇万人ともいわれる。当時欧州全体に住んでいたユダヤ人が一一〇〇万人だったから半数以上である。

絶滅作戦が決まったのは一九四二年一月にベルリン郊外のヴァンン湖畔で開かれたバンゼー会議である。アイヒマンはこの会議の開催を提案し、「ユダヤ人問題の最終的解決」をナチス政権の優先事項として実施する具体策を決定させた。欧州中のユダヤ人を西から東に送り、強制収容所で銃殺するかガス室で殺害するのである。

私は二〇一五年夏にバンゼー会議が開かれた緑に覆われた邸宅を取材したことがある。静謐《せいひつ》で、ゆっくりとした時間が流れる三階建ての邸宅は、今はホロコーストを記録する記念館になっている。殺風景で室内は暗い。アイヒマンら一五人のナチス幹部が集いユダヤ人絶滅の具体策を決めた食堂や、当時欧州各国で暮らしていたユダヤ人の数の一覧表も残っていた。

村松の真骨頂はナチスを対岸の問題と捉えない点だ。『ナチズムとユダヤ人』のあとがきで「多勢の罪もない人々を殺した、だからわるいやつだ、で問題は片づくものではない」と述べ、「当時ナチスを支持した知識人が、東にも西にも相当に多かった」「私たちの心のある部分を拡大して見せたのがナチス」だと述べている。

アイヒマンのことも「彼が何か特別な人間であるというふうには考えません。彼を特別な、人とちがった人間と考えるのは、問題から目をそらすことであり、私たちの心の中にも、アイヒマンはいるはずなのです」と言い切っている。

ナチスの体制は日本の戦前の軍国主義、対外拡張政策とは位相が違う。だが、人間とはアイヒマンのような心理に陥る恐れがある生き物だということは、戦前戦中の日本社会を知るわれわれにも想像できる。

村松は、裁判を通してイスラエルには、アイヒマンをシンボルとしてイスラエル国家を宣伝する目的もあったと冷徹に語っている。アイヒマンはイスラエルの政治的狙いのための「スケープゴート」であったとも評している。

イスラエルはこのとき、一九四八年の建国から一三年しかたっておらず、建国の際の第一次中東戦争、五六年の第二次中東戦争と戦火が常態化していた。アラブ諸国だけでなく、共産圏や非同盟諸国、そして西欧、日本もイスラエルには厳しかった。逆境の中でアイヒマン裁判はホロコーストの非道を世界に訴え、ユダヤ人とイスラエルへの同情を少しでも増やす意図があったというわけだ。

†アーレントとの共通点

村松は孤立無援のアイヒマンの弁護を引き受けたドイツ出身の弁護士のインタビューも行い、ジャーナリスト的な探求心を見せた。この弁護士は「証人を呼べない」と不満を語った。検事側はホロコーストを生き残ったユダヤ人らを世界中から集めたが、アイヒマンの味方をする者などいないから、どうしても裁判は一方的になった。

アイヒマンは一九五〇年制定の法で裁かれており、これは不遡及の原則と合わず、アルゼンチンで暮らしていたアイヒマンをアルゼンチン政府に無断で連行しエルサレムで裁くのは国際法的に疑問がある、とも村松は指摘している。本来は国際法廷で裁くべきであり、「ユダヤ人にとどまらないひろい問題を含んでいるかぎり、少なくともそういう方向への努力が、あってほしかった」と書いている。

村松の論点は、ハンナ・アーレントのものに通じる。アーレントの傍聴記は一九六三年二月から三月にかけて雑誌『ニューヨーカー』に掲載されたが、すぐに論争を巻き起こした。「ユダヤ人の苦難の巨大なパノラマ」をアピールするイスラエル政府の意図があると指摘し、ユダヤ人組織が移送ユダヤ人のリストづくりなどでアイヒマンと協力しており全体主義においては被害者の道徳も混乱すると記述した点が、ユダヤ人やイスラエル政府から攻撃されたのだ。

村松が傍聴記で書いた「私は彼が何か特別な人間であるというふうには考えません」と

いう洞察は、アーレントの核心である「悪の凡庸さ」、つまり誰もがアイヒマンになりうるという視点と同じものだ。

村松は一六歳で敗戦を迎えた。全体主義をそれなりに経験していたから、アイヒマンとナチスは悪でありそれがすべてだとするような善悪二分法をとらなかった。安直なヒューマニズムでは問題は解決できないと心に決めている。見たものを聞いたものを基礎に考えていく現場主義がそこに生きている。

村松やアーレントだけでなく、アイヒマン裁判を傍聴した人々は、それぞれが平板でない世界観を描いた。村松より三カ月遅れて傍聴した開高健は、「アイヒマンは処刑され、トルーマンはゴルフを楽しんでいる」と述べて、原爆投下命令を出したトルーマンも道徳水準からみて「有罪だ」と書いている。

†アルジェリア戦記

アイヒマン裁判の傍聴記が話題となったことから、村松は翌六二年に産経新聞から臨時特派員として独立戦争が山場を迎えていたアルジェリアを取材するように依頼された。アルジェリアは第二次大戦後に民族自決・独立を勝ち取る反帝国主義闘争の中でもキューバ、ベトナムと並んでホットスポットとして世界の注目を集めていた。

アルジェリアでは一九五四年に民族解放戦線（FLN）が結成され激烈な武装闘争が始まり、宗主国フランスは一時五〇万人もの兵力を投入して弾圧した。だが圧倒的多数のアルジェリア人に加えて国連も民族自決を支持し、六二年七月、とうとうフランスから独立を勝ち取った。

村松がアルジェリアなどアフリカ北部と西部を回ったのが、六二年二月中旬から三月中旬にかけてだから、独立戦争の最終盤に現地入りしたことになる。アイヒマン裁判、アルジェリア戦争、そしてその後にはベトナムに向かっており、村松は激動の地を逃さずに訪れている。

村松はアルジェリアでの取材を『アルジェリア戦線従軍記』（一九六二年）として出版した。その書き出しがハードボイルドだ。

夕方から降り出した雨は、雪になったらしい。白い粉が闇の中を舞い降りてくる。砲声が二発、三発、低い雲にこもって、鈍い音をたてる。攻撃がはじまったのだろう。

――フランス軍の一五五ミリ砲だ。
となりに伏せているアルジェリア兵が、顔を寄せて、低い声で言った。

短い乾いた文章を連ねた描写である。ホテルのベッドで砲声を聞いたのかと想像すると、「となりに伏せているアルジェリア兵」とくるから、これは前線だと気づく。とたんにこのフランス文学研究者はアルジェリア戦争の最前線まで行ったのか、と驚く。本の口絵には土漠の稜線《りょうせん》に向けて突っ伏して銃を構える解放軍兵士の写真も載っている。村松が撮影した、今にも弾が飛んできそうな、ロバート・キャパを思わせる臨場感がある写真だ。

独立戦争のホットスポットとして世界が注視していたアルジェリアだが、一九六四年の東京五輪の二年前、敗戦の混乱からようやく立ち上がったばかりの日本人の関心は低かったはずだ。アルジェを舞台にしたジャン・ギャバン主演のフランス映画『望郷』（一九三七年）、あるいは「ここは地の果てアルジェリア」の物悲しい歌詞で知られる楽曲『カスバの女』（一九五五年）ぐらいしかなじみがなかった。アルジェリア戦争を描いた名作映画『アルジェの戦い』が封切られたのは六六年である。

†激動の地を訪れる

村松は一カ月強の間にチュニジア、アルジェリア、モロッコ、マリ、コートジボワール、ガーナを訪れた。英領だったガーナを除いてすべてフランスの植民地だった。フランス文学研究者でフランス語に堪能だから一人旅でも取材はできたのだろう。当然中心はアルジェリア戦争の取材である。

村松が現地入りしたときはフランス・エビアンでドゴールのフランス政府との停戦交渉が行われていた。停戦協定は三月一八日に結ばれた。民族主義者で強硬策をとると思われたドゴールだが、国際社会の民族自決要求や戦争がもたらす経済的な負担、国民の厭戦気分を知り、独立を容認する方向に舵を切った。

それでも、村松が行ったアルジェリア・モロッコ国境にある民族解放軍（ALN）の従軍取材は、戦争の迫力と兵士との会話を通して浮かぶ戦場の人間臭さで読ませる。ALNの軍服を着てその一員としての取材だ。

フランス軍機の低空飛行下に地面に這いつくばりながら、砲弾の地響きに肝を冷やし、フランス軍の見張りがALNに攻撃される様子を目撃している。洞窟の中にある連隊本部では兵士を前に挨拶をさせられ、うまいとは言えない食事も一緒にとった。フランス軍の将校を殺害した自慢話をするALN兵との会話や敷設された地雷除去の取材など生々しい。兵士たちは規律がとれており、かつ親切だった。

首都アルジェでは、朝だけで一一七発の爆弾が爆発し午前四時から重苦しい爆音と銃声で起こされての取材だった。東京の産経新聞に「ムケイイサツジョウタイ。セイメイノキケンヲカンジル」と電報を打った。チュニスで会ったノルウェー人記者からアルジェは危険だから行くなと言われ、直前にアルジェに入った毎日新聞パリ特派員からは危ないから「雑踏を歩け」とアドバイスを受けた。別のジャーナリスト殺害も村松の滞在中に起きた。

冒険心もある。モロッコに着いてから対アルジェリア国境の難民キャンプに行こうとするのだが、政府の許可を得るのに時間がかかりそうだ。「面倒くさい。役所の許可などなくても、行けばどうにかなるだろう」と夜行列車に揺られ一人、国境の町に行くのだ。戦争をやっている地域でこれほど無防備で前線取材に行く勇気は私にはない。

村松がモロッコでALNの従軍取材ができたのは、芥川賞作家の堀田《ほった》善衞《よしえ》（一九一八―九八年）のおかげだ。『インドで考えたこと』（一九五七年）で知られる堀田は世界各地を訪れて文学者との交流に力を入れ、この頃アジア・アフリカ作家会議日本評議会の事務局長を務めていた。堀田は村松がアルジェリア戦争を取材すると聞き、カイロでアルジェリア暫定政府の元日本駐在代表から紹介状をもらってくれた。この紹介状があったからこそ、村松はALN部隊の取材ができた。

堀田の口利きも日本の知識層がいかに世界の現場取材に熱心で助け合ったかを物語るものであり、この時代の意欲を感じる。

†現実離れした国際理解

村松の見方はユニークだ。フランス、ベルギー、スペイン、ポルトガルなどアフリカの植民地経営で失敗した国々はカトリックであった。「カトリック」という言葉そのものが普遍性を意味しており、アフリカの人々にもキリスト教を普遍的に広げ、同化しようとした。カトリックを広めることこそが人間の尊厳を守る「人道」とフランスは位置づけた。「多くのフランス人にとって、フランスとは西欧文明の、従って人類文明の別名なのである」と村松は言う。フランスの中華思想だ。

だが、その使命感はアルジェリア側からすれば、単なる暴力の十字軍と受け止められ抵抗はやむことがない。人道がなぜ拒絶されるのかが、フランス人には分からない。この巨大なギャップを村松は見た。こうしたそれぞれの国、民族が持つ正義の衝突は解決できない。この現実は今の世界理解でも重要な視点である。

次に北アフリカの国々が持つ二面性である。宗主国であるフランスからの民族解放を掲げた戦いは世界の圧倒的な支持を集める。一方でフランスの支配下にあったことで、知識人、技術者が育ち中産階級を構成し、政治も経済も社会も改善されてきていた。フランスの植民地になったモロッコは、フランスから当時一万二〇〇〇人の技術者、役人を政府公務員として受け入れている。あらゆる機関の重要な地位を担ってもらっていたのだ。貿易もフランスから関税上の特権を得ており、輸出入の半ばがフランス貿易で占められている。それほどフランスに依存している。だが、発言は反フランスの急先鋒である。反植民地主義の顔とフランス依存の顔を持つ。どちらの顔が本当なのか。「たしかなことは、その一方だけをうっかり信用したら、とんでもないまちがいをおかす」というのが村松の結論である。

最後に日本人の国際理解の浅さだ。村松は、日本は外国のことをむやみに理想化したり単純化する傾向がある、と言う。ソ連は理想の社会である、逆に悪人ばかり住んでいるという「認識の喜劇」は戦前からあり、戦後も後を絶たない。島国で外国人との交流が少ないこともあり、外国の思想や制度は抽象化されドロドロした現実を捨てたかたちで輸入される。だから、外国に対する楽園のようなイメージ、あるいは地獄の絵図が強い魔術性を発揮できる、と言うのだ。

村松のこの文章は一九六二年に書かれたとは思えないほど、現代日本に当てはまる。外国への思いは往々にしてどれも一元的でありそこには清濁、あるいは善悪が混在して人々が暮らしているという深みがない。

村松は「アジアは一つ」という言説も否定する。「アジアは一つ」あるいは「アジア的な」といった表現は、戦前から現代までさまざまな思想の人々が語る。おそらく米国や西欧に挑戦する際の基盤、背骨のようなものとして使われるのだろう。

だが、そもそもアジアはトルコのボスポラス海峡までのユーラシア大陸を含み、そこにある砂漠やイスラム教社会を思い起こせば、日本との一体感は生まれてこない。インド、中国、東南アジア、朝鮮半島あたりまでの限定したアジアだとしても、現代のわれわれが暮らす政治・社会制度とそれぞれの国の制度の違いを考えれば、「一つ」とは言えない。「アジアは一つ」という言葉には、アジアを裏庭にして日本が欧米に立ち向かうという手前勝手な、そして現実の国際政治から乖離した単純化がひそんでいる。

4　沈滞する国際報道

†メディア記者たちの仕事

これまで日野啓三や岡村昭彦、開高健、村松剛の国際報道を紹介してきた。いずれもインパクトがあるものばかりだ。開高はベトナムに行く前から芥川賞作家であり現場派作家の第一人者であり、メディア界の寵児でもあった。日野はその後ベトナムの取材をモチーフにした作品を発表し都市小説で芥川賞作家の仲間入りをした。岡村は『ライフ』で国際フォトグラファーとして彗星のように登場し、その作品はベトナム反戦運動のバイブルになった。村松も日本の保守派知識人としての立場を確立した。

ほかにこの時期ではUPI通信のフォトグラファーとしてベトナム戦争の写真でピュリッツァー賞をとった沢田教一がいる。六〇年代は日本人が世界の激動の現場を訪れ、綺羅《きら》星《ぼし》のように活躍している。村松と一緒にアイヒマン裁判を傍聴した犬養道子もその一人である。

作家・文化人でなくジャーナリズムを職業とする記者たちも、ベトナム報道ではすばらしい仕事を残した。大森実が中心となった毎日新聞特派員団の『泥の炎のインドシナ』（一九六五年）や牛山純一の日本テレビドキュメンタリー『ベトナム海兵大隊戦記』（一九六五年）やTBSの『ハノイ——田英夫《でんひでお》の証言』（一九六七年）などが話題となった。

牛山のドキュメンタリーはその残虐なシーンの放映で政府の批判を受け、田と大森は「親北ベトナム」、つまり「反米的な報道姿勢」を自民党や保守層が問題視した。ジャーナリストの国際報道が政治的な騒動の目となり、田と大森はそれぞれの社を辞めた。田は社会党の政治家となり、大森は米国に移住して多くの著作を残し、話題の人であり続けた。

†なんでもみてやろう

朝日新聞の本多勝一《ほんだかついち》も一九六七年四月から一二月まで掲載された「戦争と民衆」などベトナム連載ルポ企画が次々と単行本にもなり、ベトナム民衆の日々の生活を一緒に暮らしながら淡々と記述するスタイルが新鮮なベトナム像を読者に刻んだ。本多の「戦争の真の犠牲者は、いつの時代にも一般民衆であった」というベトナム報道に貫かれた視点は、つい二〇年ほど前の戦争体験から多くの日本人を頷かせた。その伝播力は当時七〇〇万の部数を誇った日本最大の新聞の威力でもあった。

日本中でベトナム戦争への理解を深め反戦機運を高めたのは本多のルポの影響も大きい。単行本『戦場の村』の解説で哲学者の古在由重《こざいよししげ》は本多のような記者の出現について、「なんでもみてやろう」という、むさぼるような好奇心と追求心があふれていると称賛し次のように書いている。

およそ過去の日本の一五年戦争の期間にも、また戦後の朝鮮戦争の場合にも、そのようなタイプの戦況報道員は存在しなかったし、また存在することもできなかった。なぜなら、過去のわが国の戦争の報道員たちは、まったく当時の支配権力(政府、軍部）にぞくし、その命令のもとに現地に派遣された人々だったからである。明治以来のいわゆる「従軍記者」はそれであり、もっぱら自国の軍隊に付属する者であって、ただ自国の戦争についてのみ多少とも作為的な記録をのこしえたにすぎなかった。かれらとはちがって、戦後日本の報道者たちは、民間の自由人としてなんら権力による制約をうけることなしに、自己の目をもって大胆に戦争の実態をも読者につたえることができる。

戦後であっても敗戦から一九五二年四月までの米軍占領中は米軍による検閲があり、当時のメディアはＧＨＱのプレスコードに記された「事実に即し編集上の意見は完全に避ける」という規則を受け入れざるを得なかった。意見を避けるとはニュースに対する思考を禁止することを意味するからひどい。これが米国の占領政策だというなら、その自由民主主義や報道の自由の原則は看板倒れと言わざるを得ない。

ただ、戦中の大本営発表以外何も書けなかった慣れからＧＨＱの検閲に痛痒《つうよう》を感じなかったと証言した日本人記者もいた。軍部独裁の負け戦から解放してくれた占領軍に感謝し、「負けて占領されているのだから、占領軍批判などできるわけない」という物わかりの良さである。

朝鮮戦争でも日本メディアは現地取材を許されずにGHQの発表を伝えただけだったし、その内容も検閲の対象となった。一九五一年七月の休戦交渉開始とともにようやく日本メディア取材団が国連軍従軍記者として米軍の制服を着て現地に向かった。だが、朝鮮半島を自在に動き回れたわけではない。

その意味では古在が言う通り、「民間の自由人としてなんら権力による制約をうけることなしに、自己の目をもって大胆に戦争の実態をも読者につたえる」ことができたのは、ベトナム戦争の取材記者が初めてだった。

†世界への関心の薄れ

しかし、その後一九七〇年代後半以降の日本の国際報道は一言で言えば、地味になった。国内ジャーナリズムでは、田中金脈事件で権力の頂点を崩した立花隆らが成果を上げたのに、なぜか国際報道は目立たない。

著名な作家が書斎を飛び出して前線に飛び込んだり、記者の著作物がベストセラーになったり、世界的なメディアに掲載されたり、記者が「時の人」となって政治を左右したりするようなインパクトはない。

古森義久や船橋洋一、春名幹男らは日米関係や日本が当事者となる多国間外交をテーマにすばらしい成果を上げている。だが、ベトナム戦争が代表するような世界が注視する戦争や革命となると、日本人ジャーナリストの活躍はあまり聞かない。

そこにはいくつかの理由が考えられる。

激動の六〇年代を終えた七〇年代の日本は、高度経済成長を経て世界第二位の経済大国となった果実を享受する時代となった。あさま山荘事件や日本赤軍のテロ事件に代表される新左翼運動の挫折もあり、まなじりを決して政治や外交、世界の紛争を議論するよりも経済的な繁栄が尊ばれる世相が広がった。

国際的にもベトナム戦争は米国の敗北で終わったものの、北ベトナムによるベトナム統一で統制が強化され、カンボジアでは共産党の支配が始まってからはポル・ポト政権が都市住民や知識人ら二〇〇万人を死亡させる独裁体制を敷いた。「ボート・ピープル」と呼ばれる難民が多数インドシナ半島を逃れた。独立・解放の戦いが勝利しても事態は改善どころか悪化することもある、という苦い教訓を日本人に与えたのだ。

村松が取材したアルジェリアもFLNが一九六二年に独立を勝ち取った後は、独裁と腐敗が目立ち、六五年にはFLNの指導者だったベン・ベラ大統領が軍事クーデターで追われ、軍による社会主義路線が始まった。各国の混乱は、清純な民族戦線が米国やフランスの支配を打倒するために蜂起したという図式で解釈することを困難にした。

繁栄を享受する非政治化の世相や解放・独立後のアジア・アフリカの各国の複雑な政治状況が反映されてか、日本の国際報道は道しるべを失ったように見える。私はこの頃学生として世界の紛争をフォローし始めたが、解放後のベトナムは混乱し判断がつかず、代わって世界の火薬庫として注目された中東パレスチナ問題は日本から遠く、大学の友人らは関心を寄せせなかった。

†通じない紋切り型

一九七九年のイラン革命からはイスラム主義が中東の大きな潮流となるが、それまでのアジア・アフリカの民族解放運動が日本人の心情に訴えたのに対して、イスラム主義運動は日本人には理解が難しいのも確かだ。

イスラム教の過激派が世界で強行したテロの驚くべき悲惨さ、日本人も巻き込まれる事態も判断を揺さぶった。大国に踏みにじられる弱小民族の悲劇、といった紋切り型の報道では伝えられない世界に、国際報道は直面したのだ。

戦争取材もベトナム戦争時代とは変わった。記者証さえ持っていれば、サイゴンから部隊のヘリコプターに乗ることができ、最前線の従軍取材が可能だった時代に比べて、一九九一年の湾岸戦争からは記者はルール順守を命じられ、厳しい約束事つきの従軍取材か当局の発表を聞くしか取材の手段がなかった。

公式の取材許容範囲を逸脱して戦場に潜り込むこともできるが、今度は拘束されたり殺傷される懸念から、記者の行動は慎重になった。順法精神の風潮が当時より今のほうがメディア各社で共有されている。

こうして国際報道は沈滞期を迎えた。それは高度経済成長の到来にともなう、政治の季節から経済の季節への移行と重なる。世界でも複雑化する国際潮流と時期を同じくした。内外の変化が、日本の国際報道の勢いを削いだ。報道と世論。その双方が世界から後退していった。その後も冷戦の崩壊、9・11テロ、イラク戦争に至るまで世界を揺さぶる戦争や紛争は起き続けたが、日本人は世界の激動に距離を置いてきた。

しかし、二〇二二年に起きたウクライナ戦争は日本人を揺さぶっている。それは日本の国際報道を再び活発化させるのだろうか。

第２章

国際報道の落とし穴

文化大革命の際に、天安門広場で毛沢東をたたえる人びと（写真提供：共同通信社）

1　嘘をつく人々

優れた国際報道は、発生した出来事が広く世界に与える意味をつかみ、それを基に国際社会の将来を予想するものだ。だが、どうもその予想通りにならない。それは取材の甘さから来るのだが、同時に記者、あるいは読者・視聴者の思想が現実世界とかけ離れていることによる場合も多い。

第1章で紹介した日野啓三や岡村昭彦、開高健らのベトナム報道は、現地での取材や生活体験を基にこの戦争が米国の敗北で終わるとともに、開高の場合は、解放戦線への疑問を提起し、北ベトナムによる南ベトナムの吸収・共産化に進むと予想した。村松のアイヒマン裁判取材は、全体主義社会における普通の人間たちの道徳の崩壊という、世界に内在する問題をえぐり出し、アルジェリア戦争では、反植民地主義の戦いの裏にひそむ西欧依存の実態を描くことで、独立後の国家建設の難航を予言した。

これらの報道は当時の人々に受け入れられたというだけでなく、時代を超えて読み継がれるインパクトを持った。だが、その後の国際報道はそうしたインパクトを持ちえていない。厚い壁がそこにあるからだ。

†「耳」には頼れない

ベトナムのルポで多数の著作がある本多勝一は『戦場の村』で興味深いエピソードを紹介している。「無意味なウソ」という小見出しがついた文章だが、ベトナム人と話をしていると、明らかにウソと分かる話をよく聞かされるというのだ。目的も動機もなく、ウソ、あるいは出まかせを言う。事実と違うじゃないか、と問いただすと、話を信じるほうが悪いといった対応をされ、ウソは日常生活の普通の現象であるとの結論に至る。

記者の仕事は「目で見て」「耳で聞いて」、記事を書くことだ。テレビの場合は現場を撮影し、関係者をインタビューしてニュース番組を制作する。だが、本多は記者の重要な手段の一つである「耳による取材」があてにならない、と述べている。話を聞いて膨大な取材メモをつくって原稿を書こうとしても、でたらめの資料を基にしたものになる恐れがある。

「取材は、目によるものを中心にしなければならないと思った」と本多は言う。戦場の村に行って話を聞いても、その話のウラをとれない。だが目撃したことは事実である。それを淡々と書く。そのためにベトナム人の家に泊めてもらい、学校に行き、米軍に従軍して戦闘を目撃し、解放区へ行きルポを書いた。

現場に入れずそこで起きていることを目撃できない場合はどうするか。私の経験からすると、ベトナム戦争のように自由に戦場に行って目撃できるのは例外である。ベトナムは日本から比較的近く、戦争中のインドシナ進駐もあって関係が深く、しかも日本の同盟国の米国が在日米軍基地を一つの拠点に戦争をしているから、日本は当事者性がある。だから日本のメディアは現地取材、つまり目撃取材に力を入れた。

だが、ベトナムの次にホットスポットとなった中東は違った。世界にインパクトを持ち、人道悲劇が永続化する大ニュースなのだが、日本は石油を頼っているものの「当事者性」に乏しく、なじみが薄い。だから、取材もベトナム戦争とは違って、表面を触る程度で終わりがちだ。現地取材陣を拡充し目撃取材を増やすような態勢をとれない。

この結果、インパクトを持って広く日本人の心を揺さぶるような傑作が生まれにくくなった。ジャーナリズムがそうであれば、それを読むことを第一歩とする日本人の中東理解も浅いものになってしまう。

日本経済新聞で長く中東取材に携わった脇祐三は、中東取材における難しさを語っている。脇はアラブ社会においては街の人の声を集めて記事を書くと間違える、と指摘する。「中東取材40年」と題した日本記者クラブでの講演で、アラブの人々は遠く日本から取材に来た記者に聞かれれば、知らないこと、判断がつかないことでも親切心から何らかの明確な発言をする。おもてなしの気持ちが強いあまりに、ウソを言ってしまうのだ。だからそれを一定の方向を示す人々の考えと受け止めて記事を書くと間違えると述べている。

実は私もそれに似た経験がある。一九九一年の湾岸戦争が始まる前に米軍がサウジアラビアに続々と部隊を集めていた頃だ。最終的に米軍を中心とした多国籍軍は五〇万人に膨れ上がった。その頃、イラクでもヨルダンでもチュニジアでもエジプトでも街の人々に戦争の可能性を聞くと、あり得ないとの答えが圧倒的だった。なぜかと聞けば、米国とフセイン・イラク政権が秘密裏に交渉していて「手打ち」することになっていると言う。それを親戚である政府の要人から聞いた、という説明もついた。

だが、そうした交渉で真剣なものはなかった。確かにデクエヤル国連事務総長やソ連のゴルバチョフ大統領、フランスのミッテラン大統領らが米イラク間の橋渡し役を目指したが、イラクがクウェートから撤退しなければ、戦争で追い出すと決意していた米国のブッシュ（父）大統領を動かせなかった。イラクのフセイン大統領も頑固だった。

この頃、中東を専門的に取材している先輩記者から聞いたのは、アラブ取材ではなまじ街頭取材などしないほうがよいというものだ。戦争が起きるかどうか、選挙でどちらの政党が勝つか、こういった取材で書くことに迷ったら、「夜空の月を見ろ」というのだ。嘘を話す人々から見解を聞くより、月を見ながら自分の知識を基に考えて書くべき方向を決めろ、というわけだ。私は「それは取材ではない」と反論し街の声を集めたが、正直取材が深まったという自覚はなかった。この先輩記者は冗談交じりで言ったのだろうが、的外れとは言い切れないのが実情だ。

本多はベトナムでは目による取材を大事にしたという。だが、中東では目による取材が往々にしてできない。つまり紛争地に入るのが難しいから、目による取材も大きく制限されてしまう。このため、現地メディアや現地に入っている国際メディア、つまり米国や欧州のメディアに頼らざるを得ない。これでは現地の実情を生々しく伝えられない。事実の把握や解釈、将来の予想までもが自らの手によるものではなくなってしまう。

†ロマンチックな思い入れ

多くのベトナム報道書籍を読むと、サイゴンなど南ベトナム政府が統治する地域の行政腐敗、市民の絶望する様子や米軍の人権無視の軍事作戦については詳しく伝えている。だが、南ベトナム解放民族戦線の話となると、兵士や村人は貧困であっても希望を信じて前向きに作戦に加わっている様子が描かれている。読んでいくと、これでは解放戦線が勝利するだろうし、そのほうがはるかに良い国ができるに違いない、という結論になる。

南ベトナム政府の統治地域はその首都であるサイゴンに記者が住んでいるから、アラもたくさん見えてくる。米軍も従軍取材がふんだんにできるから、人権無視の軍事作戦を目にして批判できる。一方で、解放戦線の取材はそもそも解放区入りが容易でないし、エスコートが付いた短い滞在で自由取材はできないから、良い印象を与える宣伝が可能だ。南ベトナムを見るような「目」を解放区では持てない。

第一章で紹介したように、開高は米国の傀儡《かいらい》政権から、民族を解放するための戦争というベトナム戦争の図式を否定して、解放戦線軍の実体は北ベトナム軍つまり共産軍だと見た。開高は解放区に行ってはいないから、解放戦線を目で取材したわけではない。むしろ耳による取材で正確な結論に至った。

サイゴンが陥落した一九七五年を挟んで共同通信サイゴン支局長を務めた金子敦郎は著書『国際報道最前線』（一九九七年）の中で、共同通信記者がサイゴン陥落後に解放戦線首脳に臨時革命政府はどこにあるのか、と質問したところ「それは紙の上で存在しただけだ」との答えがあったとのエピソードを紹介している。

臨時革命政府は、米国が支援する南ベトナム政府に対抗して解放民族戦線などが主体となって一九六九年にその樹立が発表された。混乱の南ベトナムに南ベトナムの人々が主体となって新しい希望を託せる政府ができたと歓迎された。だがその臨時革命政府は「紙の上で存在しただけ」だった。実体は北ベトナムのコントロール下にあったのだ。

金子は「ある時期の日本のベトナム報道はいささかロマンチックな「思い入れ」で解放戦線に傾斜していた」と言う。「民族解放・統一・独立」という「正義」を求める解放戦線が人民の中から生まれ、ゲリラが「人民の海」を泳ぎ回り、「米国の側に正義はない」というのが、日本人記者の主流の認識だった、と振り返っている。ハノイの指導部の「国際宣伝戦略は少なくとも日本のメディアにたいしてはみごとな成功を収めた」というのが金子の結論だ。

ただ、金子はこうした構図は日本人記者が勝手に描いたものではなく、「ベトナム現地で取材にあたった若い米国人記者たちの報道の大筋の流れ」だったと見ている。米国のメディアは当事国としての反戦意識を、日本メディアは第二次世界大戦の記憶からくるアジアへの同情や反米意識をそれぞれ背景に「解放戦線びいき」となった。

ソ連や中国など東側の取材に力を注いだオーストラリア出身のジャーナリスト、ウィルフレッド・バーチェットは北ベトナムや解放区のルポを早くから書いていた。しかし、それらは持ち上げすぎの印象が強く、開高は「バーチェットの記録を読むと、まるでベトコン（南ベトナム解放民族戦線）がピクニックにでかけるみたいに戦争にでかけてやすやすと勝ちにかちまくっているような印象を本質として感じさせられるのであるが、私はこんな楽天主義にはとてもついていけない」と感想を語っている。

解放戦線や北ベトナムに好意的な日本メディアの報道姿勢はベトナム統一後徐々に変わっていった。

ベトナム戦争のルポを多数残した朝日新聞の本多勝一は、戦争終結後に再訪し取材した記事をまとめた『ベトナムはどうなっているのか?』(一九七七年)の中で、ベトナムで自由がなくなったことを批判する記事を書いた際に「反ベトナム的記事だ」「ベトナム人民への裏切りにならないか」と指摘されたことを明らかにし、それに反論している。

本多は「ベトナムについて、平和になってからもなお一〇〇パーセントいいことだけ、それだけを報道し、汚職や官僚主義や秘密主義や取材の不自由や……を、知っていても目をつぶり、「長い目で」何十年間でも黙っていることが、ベトナム人民と、そして何よりも日本人民のために「良いこと」なのかどうかを。それでは「盲従分子」になることではなかろうか。そして盲従分子になってしまうと、もはや何を書いても説得力を失い、影響力を失い、ジャーナリストではなくなっていく」のではないかを考えてほしいと書いている。

またこの頃の講演で、ベトナムではサイゴン政権のもとではまったく取材が自由で解放戦線の下でも自由だったが、統一されると不自由になったと指摘している。革命後のソ連や中国でもすばらしいルポが出ていない。社会主義体制ではそれまで宣伝の意味でも取材を認めていた西側ジャーナリストに自由な取材を認めなくなる。「自由な取材ができなければ良いルポは書けない」のだ。

†世界史的な転換か

ベトナム戦争は日本人記者が解放区や北ベトナムを除けば自由に取材し制約なく記事を書けた初の世界的ニュースだった。ベトナム入りした記者の数は一九六〇年代から七〇年代にかけてのべ数百人に達するであろう。日本メディアは総力を挙げたと言える。

国際政治で見れば、ベトナム戦争は米国が初めて敗北した戦争であり、世界の構造転換をもたらしたという解釈が隆盛を極めた。確かに米国はしばらく内向きに転じ経済不振もあって世界での影響力を減退させた。インドシナ半島だけでなく中東、アフリカ、中南米でも後退を続けた。

しかし八〇年代になってから米国は盛り返し、冷戦という大きな戦いに勝利した。かつてすさまじい戦いを演じたベトナムとも国交を樹立し、今や対中国政策においてベトナムは米国の重要なパートナーとなった。こう見てくると、ベトナム戦争は永続的に続く世界の構造転換ではなく、一〇年から二〇年程度の調整を世界にもたらしただけであり、その後米国という「極」は今も世界で力を持ち続けている。ベトナム戦争は間違いなく米国の敗北だったが、国を立て直すための契機にもなった。長い目で見れば、米国中心の世界構造はベトナム戦争の前と後とで変わらなかった。

国際情勢の分析の難しさはベトナムに限らない。次に日本にとって非常に重要な国である中国について考えてみたい。

2　ロマンで曇る目

中国の動向は世界の注目の的だ。日本の同盟国は米国だから、日本にとっていちばん大事な外国は米国だが、米国はそれほど大きく変わらない。当面は超大国であり日本との同盟関係も揺るがないだろう。一方で中国は急速に発展し、日本や東アジアの国々にとって安全保障上の脅威であり、経済を依存する国だ。歴史や文化のつながりは実に深い。

その中国が居丈高で反日姿勢を強めるか、それとも今の国際秩序を守り危害を及ぼさないかで日本の将来が左右される。だから、中国の現状を理解し将来を正確に予想するのは国際報道のもっとも重要な使命と言える。国際報道が描く中国は日本人の中国理解の基礎となる。だが、それが実に難しい。中国を正確に見据えるのが日本人は不得意だ。

†なぜ中国を見誤るか

なぜ中国を的確に見定めることができないのか。そこにはいくつかの理由がある。

まず中国に対する特別な思いがある。欧州諸国や日本の侵略の屈辱から中国国民が革命を成し遂げて大国になったことを率直に応援する気持ちがあった。米ソ両大国が世界を傍若無人に仕切る冷戦構造の中で、中国がアジアのパワーとして新鮮な風を吹かせることへの期待もあった。中国経済の潜在力も意識されたし、社会主義を理想化する左派的な心情も強かった。

日本と中国が協力してアジアの声を広く国際秩序に反映させてバランスのとれた世界をつくるべきだと願う人もいる。圧倒的な影響力を振るう米国への反発が背景にある。中国が巨大化すれば日本は圧迫され、米国に助けを求めざるを得ない、という現実はそこでは軽視されている。

複雑な対中観を背景に揺れたのが、文化大革命（一九六六―七六年）の報道だった。中国への期待や愛着ゆえに文革を見誤った。日本の大手メディアは一九六四年から中国に常駐記者を派遣していた。だから、現地に住んだ肌感覚も交えた取材と記事執筆ができる態勢だったが、その報道はときとして歪んだ。

戦後の日本では日中国交正常化への期待が高かった。報道する側にも日中復交を後押しすべきだというムードがあった。大戦で大きな被害を与えた中国との和解が実現しなければ真の意味で戦争は終わらず、日本に平和は訪れない、という意識は共有されていた。国交正常化には時間がかかるとしても、まずは両国民の相互理解を目的とした記者交換を行おうとの機運が高まり、日中記者交換協定が成立したのが一九六四年だ。この年の九月から九社が特派員を送り始めた。

その彼らが最初に遭遇した大事件が文化大革命である。毛沢東が始めた修正主義派からの権力奪還のための運動は、紅衛兵らの破壊行為と要人、インテリ層の追放で中国全土を混乱に陥れた。劉少奇《りゅうしょうき》国家主席の失脚、林彪《りんぴょう》党副主席の逃亡と死亡、四人組の暴走などの激しい展開は、中国の極度の機密保持の中で世界の関心を集めた。

文革報道は北京に張り出された壁新聞が情報源となった。日本人特派員は漢字が読めることから北京発のニュースは世界から頼りにされた。日本メディアの東京本社には北京電をいち早く知ろうと、外国メディアの記者が集まったという。

中国側で日中関係を仕切ったのは周恩来である。日本留学経験もある周恩来は日本人商社員がそろって滞在しているホテルに予告なしに訪れ、食事をおごって歓談していたという。そんなエピソードから温情家に見える周恩来だが、中国を敵視しない、「二つの中国」に反対する、日中正常化を妨げない、という政治三原則を報道記者にも要求しだした。

記者の仕事は、事実の報道と自由な言論であるから、中国で起きた事実を報じ中国やその政策が間違っていると思えば批判もする。だが、事実の報道や正当な批判であっても、中国は「敵視」、国交正常化の妨害と決めつける裁量を持つ。台湾についての報道であれば「二つの中国」を擁護していると非難できる。

やがて中国当局は日本人特派員への締めつけを開始し、その「反中国報道」を理由に国外退去を命じ始めた。日本経済新聞の特派員はスパイ容疑で拘束もされた。せっかく激震地である北京に足場を築いたものの、それを奪われるのは記者として実に残念なことだ。日本メディアの中では、本来の自由な報道活動ができないとして全員で帰国しようとの論と、激動の中国を目撃するために現場に残ることを優先すべきであり融和的な姿勢を示してもかまわないという現実論が対立した。

†歴史の「目撃者」

朝日新聞が日中国交回復を持論とする広岡《ひろおか》知男《ともお》社長の指示の下で、後者の「歴史の目撃者」論を唱えたのは同紙が二〇〇九年から二〇一〇年にかけて連載した「検証・昭和報道」でも明らかにされている。朝日は各社が次々と追放処分を受ける中で、唯一北京駐在の継続を認められた。一九七一年元日の紙面で日中復交を促すキャンペーン記事を掲載し、広岡が周恩来の単独インタビューを狙って北京に滞在した。「それを書けば国外追放になるという限度があるだろう。一歩手前でとまりなさい」と北京特派員に指示したという。

一九七一年秋に起こった林彪事件（毛沢東の後継者とされた林彪が反毛クーデター未遂事件の後ソ連に亡命しようとしモンゴルで墜落死したとされる事件）でも朝日は慎重だった。「何か異常事態が進んでいるのではないかと解釈するのは間違い」と安定を強調する記事を掲載し、政変や林彪失脚・死亡説を伝えた他紙との違いが目立った。

この頃、朝日新聞の後藤基夫東京本社編集局長が周恩来をインタビューしたが、この前後は外報部幹部に林彪事件など微妙な情報の掲載をやめるよう指示があったという。こうした自制に不満を抱き、林彪の異変を伝える記事を『週刊朝日』に執筆した記者もいた。

これはメディアが常に抱える問題である。日中国交正常化を急ごうという主張を論としてメディアが持つのは間違っていない。だが、事実の公正な報道をやめては論外だろう。仮にそうした報道の結果、両国政府や両国国民の感情が悪化し、国交正常化が遅れ反故《ほご》になったとしても、それは現実として受け入れるべきだ。

歴史の現場を目撃するために、追放されないよう当局から嫌われない行動をするという心情を記者は誰もが持っている。ただ事実を伝えずに現場に残るのと、事実を伝えて追放されるのとでは、ジャーナリストとしては後者のほうがまさっているのではないか。事後に伝えるために今は目撃を優先するという姿勢では、結局いつまでたっても伝えられない。ようやく伝えられる環境になったときには、すでにニュース価値がなくなっている場合が多い。

†中国核実験に騒がず

日中国交回復は大方の日本人にとって国益そのものだから、日本メディアや記者たちが実現させたいと思ったのも不思議ではない。

だが、この頃中国は今の拡張主義の萌芽を印象づける不吉な行動に出た。核実験である。日本の非難は手ぬるかった。

自民党代議士で日中復交をライフワークとした古井《ふるい》喜実《よしみ》は一九七一年八月に行った対談の中で、「中国は「核をやめさせるために核をもつんだ」と言っていますが、これは額面どおりに信じてよいと思うんです」「私は中国の核開発を、一部の人が言うように、目の敵にして憎むという気がしないんですよね」と言っている。

こうした見方は、米ソ冷戦の行き詰まりの中で中国が果たす役割に期待してのものだ。だが、現在の中国のあらゆる分野での軍拡とそれが日本に与える脅威を考えれば、古井の中国観は今の中国の実像と異なる。古井がこの発言をした七一年八月までに、中国は原爆だけでなく水爆や弾道ミサイル実験も行い本格的な核大国の道を歩んでいたのだから、「（米ソの）核をやめさせるために核を持つんだ」という中国の主張を信じるのは、当時としてもナイーブだっただろう。

メディアでも中国の核実験について、後に香港や北京で特派員を務めた毎日新聞の辻康《つじこう》吾《ご》は、「それが大事件だという意識は特にありませんでした。「あの遅れた中国も作るようになったか」という印象はもちましたが、それで日中関係がどうなる、世界のパワーポリティクスがどうなるかといったことは、あまり議論したことも、考えたこともありませんでした」とインタビューで語っている。

冷戦の閉塞感を打ち破るという期待、大国に翻弄された汚辱から興隆への応援、そして戦争からくる贖罪《しょくざい》意識が交じり合い、中国を見る眼は曇っていた、と言わざるを得ない。

メディアや一般国民だけではなかった。安全保障専門家も中国の脅威への見通しは甘かった。中国の核実験や弾道ミサイル実験を受けて、日本の対応策は各省庁室で研究が進み、『日本の核武装に関する基礎的研究』（内閣調査室）、『外交政策大綱』（外務省）、『わが国の核兵器生産潜在能力』（国防会議）などの提言書がまとまった。

いずれも、日本の国力や米国との関係からして核武装を否定する妥当な結論に落ち着いた。だが、中国の核やミサイル能力の現在のような増強を見通してはおらず、重大視していなかった。今のように、中国が尖閣諸島の領有権を主張して公船を毎日のように近海に送り込むなど、日本に対する明白な脅威となる事態は想定外だった。古井の言った「中国の核開発を、目の敵にして憎むという気がしない」というのは、戦後のある時期までの日本人が共有した対中観なのだ。

次に中国が世界を驚かせたのが天安門事件（一九八九年）である。この頃は冷戦が終わりつつあり、社会主義国、共産主義国に対する幻想は日本の左派勢力の間でも消えていた。学生らの民主化要求運動を戦車部隊が踏みつける中国共産党の強圧統治を目のあたりにして中国に対する甘い見方は、実際の出来事に否定された。

日本を追い越し米国と肩を並べるような大国になったことや最近では香港の民主主義を潰した現実もあり、いまや中国はパワーポリティクスの主役となった。戦争から来る贖罪意識や反米感情からくる中国への肩入れは今や少数派である。

日本の中国観は是正された。だが、今度は反中感情が日本の言論を覆ってしまっているのが気になる。「中国憎し」もまた、現代中国を見る目を曇らせている。

†奇妙な「中立論」

長くロマンチシズムの影響を受けたのは北朝鮮報道も同様である。
第1章で触れたように、日本メディアは朝鮮戦争を直接取材できず、休戦交渉が始まった一九五一年七月になって初めて国連軍への従軍のかたちで現地入りが認められた。だが軍の監視が厳しく自由な取材はできなかったという。

朝鮮戦争は特需の好景気を日本にもたらし戦後復興に弾みをつけたが、平和主義、中立論を唱えていたメディアや世論は、一方的に侵攻した北朝鮮を非難しなかった。戦争に巻き込まれるのはもうこりごり、とにかく戦火から距離を置きたいという心情である。だが、この姿勢は国際秩序や平和を守る努力に参加しないという、ある意味では無責任なものだ。

こうした姿勢の背景にあるのは、中立論、さらに言えば社会主義、共産主義への憧れかもしれない。朝鮮戦争は北朝鮮が韓国側の挑発によって起きたと宣伝したが、北朝鮮は大部隊で攻め込みわずか三日でソウルを陥落したことから、入念な侵攻計画のうえでの作戦だったことは間違いない。その後に公開されたソ連公文書から、金日成《キムイルソン》はスターリンの賛同を得て侵攻したことも明らかになった。

こうした現実を前にして、「中立」の立場をとることは今から見ると奇異である。西側、東側双方と友好関係を打ち立てたいという理想主義や、戦前の日本の対朝鮮半島政策に原因があるという思いが背景にあった。しかし、現実を伝えそのうえで主張を展開すべきなのに、理想論や贖罪意識からその内容を歪めてしまうのはおかしい。

†「地上の楽園」

今からすると驚くのが、一九五〇年代末から始まった多数の在日朝鮮人の帰国事業をめぐる報道だ。日本では差別と貧困の中で暮らしていた在日朝鮮人たちの帰国事業は、「地上の楽園」への帰郷と位置づけられた。

彼らの帰国に合わせて北朝鮮を訪れて取材した記者団の記事は、北朝鮮では社会主義だけに貧困はなく教育も充実し生活が保障されている、という具合だ。「社会主義建設はめざましい」「若さと活気の北朝鮮」「夢のようなお正月」といった見出しが並んだ。確かに一九七〇年代に入るまでは、ソ連からの圧倒的な支援を受けた北朝鮮の計画経済は韓国よりもまさり、国内総生産（GDP）も大きかったと見られている。

しかし、記者らは現場を訪れたにもかかわらず、なぜ恒常化していた貧困、帰国した在日朝鮮人たちの北朝鮮での苦悩に目を向けられなかったのかという疑問は募る。豊かな生活を送れる特権階級が住む平壌《ピョンヤン》に行動が限られていたのだろうが、帰国者からは日本の親類に生活必需品を送るよう懇願する手紙が届き、「話が違う」といった後悔も伝わっていた。

私の記憶がある一九八〇年代になっても、日本メディアは金日成インタビューを競った。帰国事業に合わせて平壌を訪れた日本メディアと金日成は順次会見したが、会見を獲得するために、北朝鮮の負の面に目を向けなかったのだろうとも推測できる。

一九七八年夏に拉致された蓮池薫《はすいけかおる》は、この頃、北朝鮮の招待所で日本からの北朝鮮関係の出版物を翻訳する仕事をしていた。北朝鮮を盲目的に讃える一部の論と現実との相違に戸惑った様子を報告している。朝鮮労働党の主体《チュチェ》思想を高く評価する日本の研究所や元大手メディア記者らの本を、蓮池は「親朝派の人たちが北朝鮮の思想や制度、指導者を絶賛して書いた本」と呼んでいる。

†崩れ去った幻想

北朝鮮への融和的な態度は、一九八七年の北朝鮮工作員による大韓航空機爆破テロ、九〇年代の核開発計画の発覚で揺らぎ、二〇〇二年九月に小泉純一郎首相と金正日《キムジョンイル》総書記が行った首脳会談で北朝鮮が日本人拉致の事実と一部被害者の死亡を伝えたときに崩れ去った。日本で発行されている朝鮮総連機関紙『朝鮮新報』で記者をしていた文聖姫《ムンソンヒ》は、日朝首脳会談での拉致問題の発表の直後に始まった同紙に対する猛烈な攻撃を著書『麦酒とテポドン』に書いている。「拉致をやっていない」と繰り返してきた北朝鮮の主張を同紙はそのまま伝えてきたのだから、標的となった。

それまでの日本の「地上の楽園」報道からすれば、拉致問題を契機とした非難一色に変わったのは日本の北朝鮮理解の起伏の激しさを物語る。拉致にしてもサンケイ新聞（現・産経新聞）が一九八〇年から北朝鮮の関与を示唆する報道をしており、日本政府も警察も北朝鮮ではないかと気づいていた。だが、世論を含めて日本は北朝鮮をめぐる「悪い話」に目を向けなかった。その反動もあるのだろうが、北朝鮮が拉致を認め謝罪した途端の猛烈なバッシングは、北朝鮮という国の現実を見てこなかったメディアの責任逃れにも感じられる。

私が取材で感じた北朝鮮理解の限界は米朝交渉である。一九九四年一〇月のジュネーブ枠組み合意後に北朝鮮への大型軽水炉二基の提供事業が始まった。濃縮ウランを使う軽水炉を、核開発疑惑が指摘された北朝鮮に与えることへの警戒感が拭えなかったが、軽水炉本体部分が提供される二〇〇三年には北朝鮮の体制は崩壊しているから心配無用との見通しが示された。北朝鮮の恐るべき体制存続力を明らかに過小評価していた。

金日成から金正日へ、金正日から金正恩《キムジョンウン》への世襲やトランプ時代の米朝首脳会談など、北朝鮮で事態が大きく動くたびに、国際社会との協調に舵を切る、核・ミサイル開発の凍結に応じる、といった分析が語られ、裏切られている。希望は捨てるべきではないが、現実を冷徹に見ればもっと厳しい分析となったはずだし、今後もその分析は変わらないだろう。

3　通じない善悪二分法

私が国際報道記者として一国に常駐したのはイランが最初だった。一九九一年のことである。イスラム主義の国家を宣言したイラン革命から一二年が経過しており、八年もの間国民生活を破壊したイラン・イラク戦争（一九八〇―八八年）も終わり、ようやく社会は落ち着きを見せていた。イランはペルシャ帝国の歴史を持ち、文学や美術、建築を中心にした豊かな文化を誇る。人々は才気煥発で、豊富なエネルギー資源や農業生産力は大国の潜在力を持つ。

もちろん、反米を貫く外交姿勢は注目されたし、米国へ挑戦するイランという記事は書きやすかった。イランによる批判は米国の横柄さを知る日本人の心情からして理解できた。同時にイランは宗教を否定する社会主義国家ソ連にも反発してきた。その一方でイスラム教シーア派国家であるイランは、中東各地で少数派として弾圧されるシーア派を軍事的に支援してきたが、そのことが「革命の輸出」だとしてスンニ派のアラブ諸国からは忌み嫌われている。イランは米国という超大国に翻弄される犠牲者であるとアピールするが、同時に周辺のアラブ諸国にとっては脅威でもある。

✝もう一つの選択肢

私を悩ませたのは、イスラム法学者が指導する共和制という政治体制である。冷戦下では自由主義陣営と社会主義陣営という二分法で分析し、将来を予想できた。つまり東西のどちらが最終的に勝つか、という「二択」であり、われわれは自由主義陣営の勝利を漠然と予想していた。ソ連・東欧陣営の敗北・崩壊という決着を見たのだからそれは間違っていなかった。

だが、イランが代表するイスラム主義は違う。これは世界にもう一つの選択肢、つまり宗教を中心に据えた政治制度を提示した。自由主義も社会主義も神ではなく人間による統治体制を想定しているが、イスラム主義はそうではない。

イラン革命の指導者で現代イランをつくったルッホラー・ホメイニは、イスラム法学者が国家の最高指導者としてイスラムに基づく統治を行う、という理論でイランをつくり変えた。イラン憲法は最高指導者が国政全般にわたる決定権を持つと規定している。イランには大統領もいるが、行政府の長に過ぎない。行政府だけでなく、司法府、議会、軍も最

1978年12月、イラン革命でホメイニ師の肖像を掲げる人々（AP／アフロ）

高指導者の下に置かれている。

これは人権や国民主権、三権分立など民主主義原則の否定である。人類の歴史が宗教からいかに解放されるか、政教分離をいかに確立するかという過程であったとするならば、イランは突然先祖返りを起こしたともいえるだろう。

私がテヘランにいたときも、政教分離が当然の現代国家ではありえないようなシーンをいくつも目撃した。

国政選挙があれば、われわれ記者は手分けして投票所を回り出口調査をして投票結果を予想し、公式の開票速報を加味して結果を報じた。そして「民意はイランが対米関係改善に踏み切るよう求めている」とか、「改革派の対米関係改善姿勢への不満が保守派の勝利をもたらした」などと解説した。民意がイランの行方を決定する、つまり民主主義国家の選挙と同じ分析である。

だが、イランにおいて選挙に過剰な意味を持たせるのは間違いだ。なぜなら護憲評議会と呼ばれる聖職者らイスラム法の専門家組織が候補者の事前審査を行い、イスラム法による統治に適した候補者だけに立候補資格が与えられている。だから、選挙結果でそのイスラム教統治に大きな違いは出にくいのだ。しかも対米外交など国家の大方針は、最高指導者が決めることになっている。

†テヘランの夜

テヘランで暮らすエリートたちは、革命前に欧米に留学したこともあり開明派だ。ある晩、そうしたエリートに招待されて、テヘランのモダンな高層マンションで開かれたパーティーに参加した。若い男女が酒を飲みポップミュージックをかけて踊っていた。普段着けているヘジャブと呼ばれる体を隠すコートも脱いでTシャツで一心に踊る女性たちを見ると、これが厳格なイスラム主義のイランなのかと驚いたものだ。

流暢《りゅうちょう》な英語を話す女性とじっくり話すと、イランの宗教指導体制の是非についての話となった。彼女はヘジャブを夏の暑い日にも着て外出しなければならないことなど女性の自由度が低いことへの不満を語った。豊富なエネルギー資源を持ちながらも米国の制裁のために経済が低迷していることにもいら立っていた。

民主主義を実現すればよいではないか、と聞いてみると、「そんなことはできない」と言う。イスラム法学者が統治することを定めた憲法がある以上、宗教指導体制を民主主義的な手続きで覆すことはできない。もう一度革命を起こせば、とさらに聞くと、「あの流血と暴力に身を捧げるのはごめんんだ。次の革命は五〇年は起きない」と答えた。自由より安定を選んでいるのだ。

窓の外には中東有数の大都会テヘランの夜景が広がる。宗教指導体制を支えているのは、このエリートたちの諦めでもあるのだろう、と思った。同時に取材で訪れたイランの地方で土塀の家に暮らす貧しいイラン人たちの顔が浮かんだ。彼らと話すと、アリ・ハメネイら指導者への賛辞を口にする。イスラムの教えに従って安定した生活を送ることに不満がないのだろう。西欧的な文化よりも心地良く感じているに違いない。

†イスラムは近代の否定か

イスラムとは唯一神への服従を意味するから、人間の意思を優先する近代民主主義の基本的な精神とは異なる。ここに現代国際政治におけるイスラムのユニークさがある。

米国がイスラム世界、特に反米を鮮明にするイランと対立する背景には、そうした「相容れなさ」がある。つまり両国は共通の土俵に立っていない。しかもそうしたイスラム指導体制を理想とし、イスラム世界に広めようとしているのだから、米国としては受容できない。

このイランのユニークさを理解せずに、米国とイランの対立は国家間の国益の違いによるものであり、相互譲歩と妥協の末に相互理解が可能となるといった判断で読み解こうとしても間違える。両者は別の世界に住んでいるのだから、衝突を回避する小さな合意が精いっぱいなのだ。

このためイラン核合意（ＪＣＰＯＡ）など対決回避の合意も長続きしない。戦争と平和の間の緊張が常態である。

私がテヘランで暮らしていた頃は、宗教指導体制が安定をもたらし、湾岸戦争でイラクが米国とイランの双方の「共通の敵」になるという巡り合わせが生まれたことから、米国との関係改善への期待が膨らんだ。イランはイラクの軍事情報を米国に伝えたり、レバノンのシーア派組織が拘束していた米国人解放に向けた努力をしたりするなど、米国に好意を示すメッセージも送った。だがそれは実らなかった。

表面的な理由は核・ミサイル開発問題やイスラエルやサウジアラビアとの敵対関係など、

米国が容認できない政策をイランがとるためだ。イラン革命の最中に起きたテヘランの米大使館人質事件は超大国米国の恥辱であるから、簡単に許すことはできない。外交官ら五二人が一年二カ月にもわたってイスラム主義過激派学生によって人質にとられ翻弄されたのだから、米国にはイラン憎しの感情が残る。

しかし根本にあるのは、イランのイスラム教シーア派指導体制である。しかもイランはイスラム革命の嚆矢《こうし》であるとの自信から挑戦的だ。

サウジアラビアなど中東にはイスラム教を国教とし厳格な戒律を課す国も多い。これらの国は人権面で問題が多く、民主主義諸国からすれば受け入れられない。だがサウジアラビアと米国は良好な関係を維持している。それらの国の政治体制は安定志向の王制であり、米国と根本的な対立を回避する柔軟性を持つ。米国の支配を脅かさない。だがイランは違う。イスラム教シーア派という精神的な柱を支えに米国に挑戦している。

†テロとイスラム

イスラム報道、さらにイスラムを理解するうえで、もう一つの課題はテロである。

9・11テロやイラク戦争の後に欧州主要都市で続発した無差別テロ、あるいは「イスラム国」（IS）の恐怖の統治など、二一世紀に入ってからの国際社会は、中東、あるいはイスラム世界を震源とする暴力に揺れた。もちろん一九七〇年代からパレスチナ解放闘争の手段として旅客機乗っ取りや爆破テロ、人質事件は起きていたが、9・11とその後のテロはスケールも大きく対象も拡大し、恐怖はグローバルに広がった。

テロの原因はいろいろ考えられる。

まずは米国の中東における軍事行動への反発がある。オサマ・ビンラディンは9・11テロの翌年に発表した「米国への書簡」で、9・11を起こした理由に、イスラエル支援、サウジアラビアでの米軍駐留、イラクへの制裁、ソマリアでの軍事活動、石油資源の搾取など、米国の中東イスラム世界へのあらゆる介入を挙げている。ビンラディンが二〇一一年五月に殺害されたときに米国が押収した関連文書を基にした分析では、ビンラディンは「9・11を起こすことで米国が恐怖を抱いて中東イスラム地域から撤退すると思った」という。米国の中東からの排除という意図は一貫している。

実際には、米国はアフガニスタンで戦争を始め、一年半後にはイラクに侵攻して両国でいったんは親米政権を樹立したのだからビンラディンの狙いは外れた。だが、米国を中東イスラム世界から追い出すというのは、ビンラディンだけでなくイランも含めてイスラム主義者たちが唱えるメッセージである。米国が撤退すれば、イスラエルに対しても有利となるから、イスラム教徒の土地を取り戻して、この地域一帯でイスラムの教えに従った統治が可能となるというわけだ。

テロを含めたイスラム世界の混乱は、帝国主義列強の介入がもたらしたという見方が一般的だ。西欧大国による第二次大戦までの植民地政策、そして大戦後の米国の介入の帰結だと説明されている。その反発からテロが起きる。

もう一つテロでよく言われるのが、格差や疎外などイスラム世界における構造的な要因だ。自爆行為などテロの実行犯は圧倒的に若い男性が多い。アラブ地域では人口の六割が三〇歳未満だが、国連開発計画の「アラブ人間開発報告書」によると、彼らは「教育の不足などで正規の職に就けずに将来の展望を描けていない。そしていら立ちや無力感、疎外を感じる割合が高く、過激集団に加わる者もいる」のだ。

そうした若者の苦境は政府の統治能力のなさに起因するから、「アラブの春」はまともな政府をつくる運動と期待された。だが、ほとんどの国で失敗に終わり、シリアのように激しい内戦に陥った国もある。アラブの春の失敗は、若者に民主化に託した夢も希望も失わせているのだ。過激派に引きつけられる土壌は豊かになる一方だ。

†心の平安を守る

イスラム主義を掲げる過激派のテロについて考えると、イスラム教そのものに何らかの原因があるのではとの疑問も避けては通れない。ビンラディンやＩＳのリーダーは、コーランの表現やイスラム教徒の義務といった言葉を頻繁に使ってテロを正当化し呼びかけている。「聖戦」（ジハード）がテロを正当化するという点がその代表だ。テロ実行者もイスラム教徒の祈りの言葉である「神は偉大なり」を叫びながらテロを行っている。

欧州や米国で起きるテロの実行犯の多くがイスラム世界からの移民の二世、三世であり、欧米で育ち教育を受けていることから、「ホームグロウン・テロリスト」と呼ばれる。外国からやってきたのではなく、われわれの国に問題があるという反省が込められている。

なぜ欧米で生まれ育ち自由民主主義を享受している若者がテロに走るのかという点を分析したさまざまな報告が出ている。共通するのは学校や職場での差別など疎外経験から、同じ民族・宗教グループへの没入、イスラム教徒の同胞であるパレスチナ人の弾圧を知り、行動を起こすというプロセスである。カギとなるのは、過激派に転じる指南役との出会いだ。

こうして見てくると、大国の歴年の介入や社会構造の歪みなどに加えて、イスラム教が持つ神への服従、戦闘性などもテロを引き起こす因子と言えるかどうか解明するべきだろう。宗教には対立や歪みを暴力に転化させる潜在力があるのだ。社会構造の歪みをただす優れた統治が始まれば、若者たちは過激派に背を向けるのだろうが、それがいつになるのかは予想がつかない。

われわれからすると時代錯誤であっても、イスラムの教えを忠実に守り心の平安を得ている人々を誰も侮蔑できないはずだ。国際報道が欧米化、民主化という自由民主主義を唯一の「解」と考えてしまえば、そうした別の選択肢を尊重する深みは生まれてこない。

国際報道は、時間が経てばイスラム世界も自由民主主義になる、という前提で報道しがちだ。それは上から目線、つまりイスラム世界を見下す報道であるし、かつてイラク戦争を起こしたネオコン（新保守主義者）の世界観に似てしまう。ネオコンがイスラム世界を理解できなかった過ちは繰り返すべきでない。

†「分かりにくさ」の正体

冷戦の最終幕となったソ連崩壊のとき、私はソ連圏の中央アジアを取材していた。一九九一年一二月末のことである。ソ連時代には禁じられていたイスラム教のモスク（礼拝所）がサウジアラビアの資金援助であちこちに建設され、一〇〇万冊とも言われるコーランが各国で配布されるなど、宗教の復活の現場を見た。

印象的だったのは、ウズベキスタン・フェルガナ盆地にあるコーカンドのモスクで聞いた話だ。社会主義のソ連ではイスラム教が非合法化され風紀は乱れたという。「コーランの教えこそが人間社会を救う」と礼拝師も信徒も口をそろえた。イスラム教に対する期待がいかに高いかが分かった。フェルガナ盆地はイスラム色の強い土地で過激派の温床ともされる。

中央アジアの五カ国（ウズベキスタン、カザフスタン、キルギス、タジキスタン、トルクメニスタン）は比較的穏健なイスラム化の道を進んでいる。その一方で政治指導者の独裁支配が続き、その一族の腐敗・蓄財はスキャンダルとなっている。ソ連崩壊、イスラムの復活で社会が健全になったとは言い切れない。

イスラム世界の理解をより難しくするのは、「誰が悪い」という明確な解説ができない点だ。ベトナム戦争のような、米国が民族解放運動を力ずくで潰して傀儡国家（南ベトナム）を支えているといった、米国が「悪」であるとの日本人に分かりやすい解釈が成り立たない。ベトナム戦争も本当はそうした単純な解釈でなく複雑だったのだが、当時の日本人は分かりやすい説明を受け入れた。

米国の中東介入は、世界最強の軍事力を使い石油利権を確保するためだからけしからん、と言いたくなる。イスラエルのパレスチナ弾圧を支援していると非難したくなる。確かに冷戦時代の米国の中東政策は、ソ連の南下の阻止、石油の確保、そしてイスラエルの安全を目的としていた。だが米国の介入目的はそれだけではない。

むしろシリア内戦でのアサド政権軍への空爆、「イスラム国」（ＩＳ）に対する攻撃などはイスラム教徒間の対立の激化への対応だし、湾岸戦争も石油利権が絡むものの、イラクの侵攻を認めないという地域秩序、国際秩序の維持にも眼目が置かれていた。旧ユーゴスラビアであるボスニア・ヘルツェゴビナやコソボの紛争への介入は、セルビアの暴力にさらされるイスラム教徒の保護が目的だった。

二〇二一年夏のアフガニスタンからの米軍撤退が象徴する米国の中東関与の薄まりは地域の国家が主役となる環境をもたらすのだから本来歓迎すべきなのだが、今は米国の拙速な撤退、関与の薄まりが批判されている。米国にもっと介入を続けてほしいということだ。

イスラム世界での紛争は多様で誰が悪いと言い切れない。宗派、民族、部族単位で対立が起きており、「強権の独裁者」対「市民」という構図では解釈できない。ＩＳは明らかに常軌を外れた暴力行為で世界を震撼させたから「悪」と認識できるが、そのＩＳを軍事攻撃して潰滅させたアサド政権、米国、ロシア、そしてイランを「善」とは言えない。

イスラム世界だけでなく、現在の世界の紛争や対立は複雑な性格を帯びるものが多い。メディアは「どっちが悪いのか」を明確にしてストーリーを描くのは得意だし読者もそうしたものを求める。だが、現実世界は往々にしてそうではない。

戦火を逃れ回り絶望の中で暮らす人々の話を聞くと、一方が善で一方が悪などという単純さを戒めたくなる。彼らには戦争そのものが悪であり、どちらが起こしてもそうなのだ。

4 「頭では分からない」ロシア

†ロシアの恨み

ロシアはなぜウクライナ戦争を始めたのだろうか。世界初の社会主義革命を成就したソ連は、米国と並ぶ核兵器を保有し冷戦時代は世界の半分のリーダーだった。今も石油と天然ガスを合わせた化石燃料の産出では世界トップクラスであり、グローバル経済に完全に結びついた大国である。そのロシアのプーチン大統領が突然、世界からの孤立、国家の破滅を恐れずにウクライナで戦争を始めた。誰もが「なぜだ」と首を傾げる。

一九世紀のロシア外交官でありロマン主義詩人のヒョードル・チュッチェフは「ロシアは頭では分からない」という言葉を残した。ウクライナ戦争に踏み切ったプーチンの心中はまさに、チュッチェフの言葉通りである。理性でなく情念で動いているように見える。

同時にチュッチェフは「ロシアの西欧への政策とは、同盟を結ぶのではなく、西欧の分断である」と語っている。確かにウクライナ戦争の一つの焦点は欧米がどこまでロシア孤立化の方針で一致し分断を避けられるか、という点である。

チュッチェフの言葉からは、世界に開かれ発展する西欧に対して内陸に閉じ込められ遅れた暗い国家の恨みというイメージが浮かぶ。ロシア革命で世界の注目を集めたものの、ソ連は米国の陰に常にあり、そして冷戦も負けた。ロシアの恨みは一向に晴れないのだ。

ロシアをどう理解するか。国際報道、そして世界理解の大きな課題である。

†ロシア民族の誇り

ウクライナ戦争で、プーチンは国家の命運を賭けて欧米への挑戦に乗り出した。「ロシアの一部」と見下すウクライナを属国化するまで攻勢を緩めそうにない。

地政学の祖である英国のハルフォード・マッキンダーが世界の「ハートランド」と呼んだ地域にあるウクライナは悲劇の国家である。国際政治学者のサミュエル・ハンチントンは『文明の衝突』でウクライナを「異なる二つの文化からなる分裂国家だ。西欧文明と東方正教系の文明をへだてる断層線が中心部を走っており、その状態は何世紀も続いている」と評し、安定が続かない宿命を嘆いた。

プーチンからすれば、そんなウクライナ人の運命に思いを馳せる気は一切なく、ロシアの安全保障、ウクライナを完全に配下に閉じ込め版図を回復するというロシア民族の誇りが至上の命題なのだ。もちろんウクライナが民主主義国家として西欧入りして自由と繁栄を享受すれば、やがてロシアでも民主化運動が巻き起こり自分の政権が打倒されるという生身の人間の恐れと、それを絶対阻止しようとするという欲望がうごめいている。

文明と歴史、民族、そして自らの生存本能に根ざすプーチンの恨みを氷解させるのは容易でない。だから、西側に接近して自由と繁栄を享受するというごく当然の願いをプーチンは受けつけない。官製メディアの流す虚偽のニュースを信じ込んで愚民化していると欧米が見なすロシア人だが、このプーチンの思いを実は多くのロシア人も共有しているのではないか。

この情念、恨みを理解しないと、ロシアは分からない。

†なぜ領土交渉で間違えたか

日本がロシアを読み間違えたのは北方領土交渉である。安倍晋三首相が戦後外交の決算として始めた交渉は、日本メディア、そして日本政府に苦い記憶として残る。日本側の努力と期待に対して一歩も動かなかった現実との落差が大きすぎる。

安倍はプーチンとの二七回という、日本外交史上例のない数の首脳会談を重ねながらも、「一九五六年の日ソ共同宣言を基礎に平和条約交渉を加速させる」という、新味のない結論にしか到達できなかった。

安倍が本格的に北方領土交渉に乗り出していったのは二〇一四年二月の冬季五輪が開催されたソチでの首脳会談からだ。だが、ロシアは一九五六年の共同宣言で平和条約締結後に引き渡すと書かれてある歯舞《はぼまい》、色丹《しこたん》でさえもどのような条件下で引き渡すのか決まっていない、四島が第二次大戦の結果正式にロシア領となったことを認めろと無理を強めた。

しかし、日本での報道はあたかも歯舞、色丹の二島は最低でも返ってくる、いや択捉《えとろふ》、国後《くなしり》も含めて四島すべての日本とロシアの共同統治が着地点となりそうだといった楽観的な内容が、二〇一六年一二月のプーチン訪日の前に新聞の一面を飾った。

これらは誤報となった。二島返還も共同統治も実現せず、領土問題は前進しなかった。日本の前のめり報道に在日ロシア大使館は「どこからこんな内容が出てくるのか」と不快感をあらわにした。

それにしてもなぜ報道はこれほど現実とずれたのだろうか。

実際のところ、プーチンは経済協力を領土交渉とは切り離すという日本が示した「新しいアプローチ」にもかかわらず、エネルギー開発など大型投資案件が実現しないことへのいら立ちや、第二次大戦の勝利に礎を置く「正統なロシア」の矜持《きょうじ》から、ロシアが日本固有の領土を不法占拠しているとの立場にこだわる日本への反発を強めていた。

そうしたプーチンの心情を読めなかったのは、国際政治の潮流と日本メディアの見立てとがずれていたためだ。

そもそも日本には「ロシアは困窮国家だ。金を出せば北方領土は返ってくる」という発想が根強い。ソ連崩壊は社会主義経済の低迷が主因だった。ソ連後のロシアは米国仕込みの民主主義と市場経済を導入したが、ボリス・エリツィン初代大統領は猛烈なインフレと政治腐敗、そして社会の混乱を収拾できなかった。当時のロシアは何としても日本からの経済援助が欲しかった。実際一九九七年にはエリツィンは橋本龍太郎首相と二〇〇〇年までに平和条約を締結するよう全力で努力するとのクラスノヤルスク合意を結んだ。この頃は「最も北方領土返還に近づいたとき」と称される。

しかし、二〇〇〇年に大統領として登場したプーチンは前任者とはまったく異なる指導者だ。エリツィンは冷戦終結とソ連崩壊によって大統領のポストを手にし、ロシアの民主化と市場経済化を肯定的に捉えたが、プーチンはソ連崩壊を「地政学上の最大の破局」と呼び、エリツィン時代の「欧米に従属するロシア」ではなく、栄光ある大国としてのロシアの復活を使命とした。

†島を返す気がない

2013年４月の日露首脳会談で握手する安倍首相とプーチン大統領（代表撮影／ロイター／アフロ）

「強いロシア」という民族主義を求心力とするプーチンに、そもそも島を返還する気持ちがあったのだろうか。遅れた極東地方の開発を優先課題にし、日本の投資を期待したのは間違いない。また二〇一四年三月のクリミア併合で欧米から経済制裁を科され、さらに興隆する中国への恐怖から対日関係という補助線を太く引き直しバランスを取りたかったのも確かだ。

だが、ロシアを支える原油価格が二〇〇〇年代に入って高騰し、また中国との関係も国境画定交渉が最終合意に達し米国に対峙するという共通目標をもって安定した。ロシア世論も日本への北方領土返還には圧倒的多数が反対を唱えた。こうした事情からすれば、プーチンは日本の出方を見るために甘言を弄したが、最初から返還の真剣な意図は持っていなかったのではないだろうか。

むしろ、プーチンはソ連崩壊の恨み、そして欧米を分断するという情念から、日本との領土交渉によって日米を離反させる狙いを持っていたのではないか、と思う。

クリミア併合やロシアがインターネット技術を駆使して干渉したとされる二〇一六年米大統領選挙以降の米ロ関係の冷え込みの中で、返還された領土に米軍施設が造られる懸念もプーチンは口にしだした。

北方領土は、ロシア太平洋艦隊の活動拠点であるオホーツク海から太平洋への出口に位置する。ロシア軍は太平洋への通路として絶対に手放したくないはずだ。日本に返還されればロシア軍の行動監視の要衝になりうるし、本格的な軍事基地ができるかもしれない。地球温暖化の影響で北極海航路の活用が始まり、その航路上でもある。

プーチンにすれば、返還は米ロ対峙の地政学に組み込まれておりハードルは高い。日本はロシアの「仮想敵」である米国の同盟国だから、日本を利することは米国を利することである。ウクライナ戦争でロシアと米国は決定的な対立に陥ったことを考えると、北方領土が返還される可能性はますますなくなった。

私は、返した島に米軍基地はできないと日本政府が言っていると、二〇一九年にプーチンに会ったとき水を向けたが、「信じない」との答えだった。沖縄県民の意向を無視して進む米軍の辺野古基地建設などを挙げて「日本は米国の言いなりだ。本当に主権国家なのか」と痛烈にあげつらった。領土が欲しければ、米国と距離を置けという言い分である。

ロシア自体の変化にも注目すべきだ。プーチンはロシアを原油価格の高騰と民族主義の鼓舞で立て直し、二〇〇八年のジョージア侵攻、一四年のクリミア併合でロシア圏域の維持・拡大の意図を鮮明にした。ウクライナ戦争はその頂点である。

中東では、一五年に内戦が続くシリアにアサド政権軍を支援するかたちで軍事介入を開始し、親ロシアである同政権をテコ入れした。その後リビアや中央アフリカ地域にもロシアの民間軍事企業ワグネルがロシア軍の別動隊として展開している。

北方領土でも新型地対艦ミサイルや戦闘機が新たに配備された。二〇二〇年には領土割譲を禁止する憲法改正を実現した。さっそくサハリン州は「クリール諸島（北方領土と千島列島）の帰属問題に終止符を打った」と宣言している。

†内向きな日本の論理

ロシアの一連の行動は、虚弱な破綻国家のものではなく、自信を深めそのパワーを振るおうとするものだ。プーチンを「地政学の天才」と呼んだことがあるが、彼はニヤリと笑った。かつて日本で言われた「金を出せば北方領土は返ってくる」といった見下した態度は現実とは異なる。

日本のロシア理解でもう一つ指摘すべきは、日本の事情を優先している点だ。安倍の対ロシア外交では、「戦後の総決算」に賭ける保守政治家の思いや亡父安倍晋太郎が北方領土返還交渉に病をおしてかかわった経緯が語られた。同じように外交の積み残しである日朝関係に前進が望めないという焦りもあった。

しかし、こうした日本の事情をロシアは揺さぶるための好材料ととる。安倍のプーチン詣でで最後はプーチンの「情」に訴えると日本では言われた。「プーチンは信用できる」という思い入れも日本の政治家から聞こえてきた。そうした日本的なからめ手でプーチンの態度は変わらなかった。

プーチンは人を魅了する。外交記者である鈴木美勝《すずきよしかつ》の著書『北方領土交渉史』（二〇二一年）に安倍政権で対ロ交渉に深く関与した世耕弘成《せこうひろしげ》参議院自民党幹事長の発言が紹介されている。それは「北方領土交渉は、首脳同士（安倍・プーチン）で会談すると盛り上がる。「これ行けちゃうんじゃないか」などという局面が何回かあった」が、実際に事務方が協議すると動かない。駄目かなとなって「首脳会談をやると、またグッと盛り上がる」というものだ。プーチンは独裁者であるから、この人を味方につければ何でも実現する、難しい領土交渉でさえも、という思いを抱いてしまう。

私もプーチンには悩まされた。領土交渉を聞くとゼロ回答なのだが、一方で、「シンゾーとであれば、何でも実現可能だ」との言葉が出てくる。どちらが本心なのか迷う。「甘言」に惑わされることなく、冷徹にロシアを見るべきなのだ。相手は人をいい気分にさせる嘘をいくらでも言う。

ウクライナ戦争でロシアへの幻想は消えた。日本人の価値観とはあまりに違う。だが、ロシアが再び領土交渉でボールを投げてきたら冷徹に対応できるだろうか。そしてロシアだけでなく中国や北朝鮮など日本と異なる価値観の国との交渉やその報道で、その国に対するロマンチシズムや日本側の事情を優先することなく、見通しを誤らないという確証はあるだろうか。

†西側の過大な自己評価

この本の「はじめに」で書いたように、私はロシアがウクライナに侵攻するとは予想できなかった。なぜかと考えてみると、結局、この章で書いてきた思い込み、幻想、善悪二元論の弊害、日本から見て作り上げた像などが混然となって、プーチンは侵攻の決断を下さないだろうという結論に至った。

合理主義や現実主義の立場にたつプーチンが経済制裁や国際社会からの孤立など膨大な

犠牲を払ってウクライナを獲得しようなどとは考えないだろうという思い込みがあった。北大西洋条約機構（ＮＡＴＯ）の東方への拡大、そしてロシアを軽視する自由主義世界への「怒り」の大きさに気づかなかった。何よりも、米国や欧州、そして日本というグローバルパワーとは徹底的に対立できないはずだとプーチンを過小評価していた。

この自由主義陣営は強いのだからロシアは歯向かえないはずだ、という思い込みは、世界の現実を冷静に見る目を曇らせる。自由主義陣営が「正しい」側であり、「悪い」側の権威主義は敗北していくという善悪二元論も、ロシアのウクライナでの残虐行為を目のあたりにすると信じたいのだが、現実世界はそう簡単ではないことも忘れてはならない。

思い出すのは一九九〇年八月にイラクがクウェートに侵攻した湾岸危機だ。イラクのサダム・フセイン大統領の狙いはクウェートの石油利権の確保とアラブ世界での盟主の地位確立だったが、米国はフセインの侵攻の決意の強さを見誤った。直前に会談したエープリル・グラスピー駐イラク米大使は「アラブ内の紛争に米国は介入しない」と軽率にも述べ、フセインはそれをゴーサインとみなした。

当時私は外信部の若手だったが、こんな乱暴な指導者が世界にいるとは、と驚いた。イラクの侵攻を予想する声は多数派ではなかった。冷戦終結が秒読みだったこの時期、平和と繁栄が世界の基調となるという幸福感の中で、フセインが戦争をしてまでその野望を実現するとは思わなかった。しかし、フセインは動いたのである。そしてプーチンも大方の予想を崩して動いた。

✝米国に背を向ける新興諸国

ウクライナ戦争で、日本人が描く世界観と現実世界とのずれが表面化した。国連人権理事会でのロシアの理事国としての資格を停止するという国連総会決議（二〇二二年四月七日）で中国やインド、南アフリカ、ブラジルなど新興大国が反対や棄権に回ったのだ。タイ、パキスタン、カザフスタン、エジプトなどの中堅国家もそうだ。本来親米であるはずのサウジアラビアやアラブ首長国連邦（UAE）も米国に同調しなかった。これらの国はロシアから軍事支援を受けたり、エネルギー面で深い関係にあったり、あるいは国内に人権問題を抱えているために、米国と同調できなかったのであろう。独裁国家であっても親米であれば容認してきた米国の人権や民主主義政策にひそむ「二重基準」や「偽善」に反発したのかもしれない。

いずれにしても国際社会が広く一致してロシア非難で足並みをそろえているわけではないのだ。日本や欧米で描かれるロシアが孤立する世界というイメージとはだいぶ違う。自由主義陣営はそれほど世界に支持されていない、という世界の現実を見誤ってはならない。

それがロシアの侵攻を読み切れなかった結果から得るべき教訓であろう。

第３章
混迷するアメリカメディア

2021年6月、ノースカロライナ州で演説するドナルド・トランプ（写真提供：ロイター＝共同）

日本にとっていちばん大事な国はアメリカである。政治、経済、安全保障面で大きな影響を与える。だから米国を理解しその行方を探るのはもっとも大きな課題だ。日本人が米国の行方を知るうえでまず参考にするのは米メディアの報道である。加えて世界情勢についても日本人は米メディアを通して把握する傾向が強い。つまり日本人は米メディアに頼りっきりなのだが、その実情を理解できているだろうか。結論から言うと、米メディアは過度に高評価されており、米メディアを通して米国像、世界像を描くと間違える。そんな危惧を私は持っている。

1　固定観念の支配

†世界に延びる米メディア

米メディアは世界で力を持つ。なぜだろう。

まず、メディアは「報道の自由」を存立基盤とする。自由あっての報道だから、ジャーナリストは、自由民主主義が最善の政治システムであると考える。だから、自由民主主義を体にしみ込ませて動く米メディアはお手本となる。

この「報道の自由」を、米メディアは果敢に実践してきた。ベトナム戦争報道やウォーターゲート事件が象徴する権力との闘い、あるいは弱者の保護、そしてフェイクニュースへの抵抗などである。メディア間の競争も激烈だから、特ダネも多い。その絶え間ない研《けん》鑽《さん》を見れば、米メディアに対する他国メディアの憧憬とそこから生まれる世界のメディア、そして世界の世論そのものへの影響力は否定できない。

米メディアが大きな影響力を持つ理由には、国際政治を動かしているのが米国である点も見逃せない。大きな戦争を起こすのも米国だし、ウクライナ戦争では米国の軍事支援のありようが戦況を左右している。紛争解決のための調停力を持つのも米国だ。だから、米政府の意向を知る米メディア、特に『ニューヨーク・タイムズ』や『ワシントン・ポスト』、ＣＮＮなど政権中枢に食い込んでのウォッチは国際情勢の理解に欠かせない。国際政治を分析する視点自体もこれらのメディアの影響を受ける。

米国の外交・軍事や経済活動は世界のあらゆるところに及び、その結果米メディアの取材力もグローバルに広がる。ホワイトハウス、国務省、国防総省、財務省、中央情報局（ＣＩＡ）などワシントンの省庁も世界中の米大使館から上がってくる情報を分析しているから、ワシントンを取材するだけで、世界の動きがある程度分かる。米メディアを精査することが、世界の動向を知る効率的な方法であるとも言える。

また世界の共通言語は英語である。外国語教育と言えば、英語教育となる国は多い。日本も英語が外国語としてはいちばん身近である。だから米メディアは世界のどこの国の政府が相手でも英語である程度取材ができる。また各国の政府高官や大企業の幹部は米メディアを読んだり視聴したりする。ここでも米メディアが影響力を振るう理由がある。

最後に米国が築いた国際的な思想戦略がある。官・民主催の交流プログラム、学界の共同研究計画、学生の留学・滞在を支援する事業、財界人や芸術家のネットワーク化などであり、米国への親近感が増す結果を生んでいる。世界各地で影響力を持つ政治家、実業家、芸術家、そしてジャーナリストの間に親米派を育てた。ハリウッド映画や米国音楽の魅力といったソフトパワーも大きい。

†米国への楽観と悲観

日本は、戦後六年半にわたって米国に占領され政治・経済・社会などあらゆる面で米国の強い影響を受けてきた。日米同盟は日本の安全保障の要であるし米国との経済関係は重視せざるを得ない。米国の国際戦略に合致することは日本の政策形成の制約となった。留学先は米国であることが望まれ、映画も音楽も米国ものが人気を博し、米国風の社会や人間の生きざまがしばしば模範とされた。

ここまで米国式を輸入してきたのだから、誰もが米国を理解しているつもりになった。だが、その割には米国をどう見るかで日本は間違える。それも大きな間違いをする。

ドナルド・トランプがヒラリー・クリントンに勝利した二〇一六年大統領選の結果に、「なぜだ」と驚いたことを私は忘れない。米国に一二年間滞在し米国を専門としてきただけに信じられなかった。

二〇二〇年の大統領選でジョー・バイデンが当選したときは、米国はトランプ時代の闇のトンネルを抜けたといった楽観的な報道がなされた。だがこの本を執筆している二〇二二年六月の時点でバイデンは共和党を敵に回し、さらに民主党内もまとめられず、挙国一致体制など夢の彼方に遠のいてしまった。

冷戦が終わって米国は有頂天となった。米国のグローバルな統治が半永久的に続くと思われた。だが、それからわずか一〇年で9・11テロが起こり、米国は泥沼の対テロ戦争に引きずり込まれ、米国の圧倒的な存在感が薄れて世界は多極化の時代に入った。

こうした米国に対する楽観論が崩れただけではない。悲観論も同じように崩れた。

一九七五年四月に南ベトナムの首都サイゴンが陥落し、インドシナ半島への軍事介入が失敗に終わったときに、しばらくはアメリカは国際的な攻勢をかける力を持たないと予想された。ベトナム反戦運動や公民権運動がもたらした国内分断と経済の低迷が続くと思われた。

アラブ諸国によるオイル・ショックやイラン革命、そしてソ連のアフガニスタン侵攻を米国は止められず、その権威は失墜した。エズラ・ボーゲルの『ジャパン・アズ・ナンバーワン』がベストセラーとなり、「アメリカの時代は終わった。学ぶものはもはやない」といった米国を見下す論調も生まれた。

しかし、ベトナム撤退から六年後に登場した大統領のロナルド・レーガンは「強いアメリカ」を掲げて軍事力を増強し、減税や規制緩和による民間活力の導入により国民の自信を回復させ、米国の権威再興、そして冷戦の勝利をもたらした。米国の回復は、わずか一五年前のベトナム後の米国の失墜とはあまりに違う風景だった。

こうした米国の実像とわれわれが抱くイメージの違いは何に起因するのだろうか。前章までは中東など日本人の取材が十分でない地域、あるいは中国や北朝鮮など社会主義に対する幻想と贖罪意識で観察眼が曇る国々、ロシアのような地政学と怒りが渦巻く国の冷酷さに惑わされる様子を見てきた。

米国に対しても敗戦・占領、そして戦後復興への「恩」など、濃密な思いがある。横暴な米国への反感もある。核の傘で守られる安全保障、経済の一体化、文化の影響もある。

米国を見る目はこうしたさまざまな分野ごとに変化していく。一つの分野で得た結論で全体像を判断するのは危険だ。好感できる米国と不快に感じる米国があり、どちらかに引っ張られると観察眼が曇ってしまう。

ただ日本人の米国観は他の地域・国に対する見方と比べて大きな違いがある。それは報道の量が圧倒的であるという点だ。米メディアがさまざまな分野、角度からふんだんに米国事情を伝え、われわれはそれを目にする。日本人の米国理解がしばしば間違えるのは米メディアに一因があると言えるのだ。また本書でたびたび触れているように、米国観だけでなく日本の国際報道、世界観は米メディアの影響を受ける。となるとなおさら、米メディアの動向を知ることは重要である。

†リップマンの固定観念論

米国のメディアで最初に巨大な足跡を残したのはウォルター・リップマン（一八八九—一九七四年）である。ハーバード大学を卒業後、二〇代で政治コラムを書き始め、その博識と「言論の自由」の擁護で二回のピュリッツァー賞を受賞した。ウッドロー・ウィルソン大統領が第一次大戦後の平和構想「一四カ条の原則」を打ち出すに当たって相談したのをはじめ、歴代大統領がその知恵を借りてきた。著書『世論』や新聞連載コラム「今日と明日」で、米国でもっとも影響力のあるジャーナリストとなった。

リップマンの有名な言葉に「われわれはたいていの場合、見てから定義しないで、定義してから見る」というのがある。百聞は一見にしかず、と言うが、それはまれなケースだという。リップマンはその「事前の定義」について「固定観念」という言葉を使い、いかに真実を伝えるジャーナリズムの仕事が困難であるかを語っている。

リップマンの説明はこうだ。世界のあらゆる事象について一つ一つ虚心に自分の目で確かめて判断していくことなど不可能である。だから人間はある事象を聞いた途端にそれまでの自分の生活してきた環境や事前の知識を基にした固定観念で好き嫌いを決める。それは非常に効率的でもある。固定観念で物事を判断すれば、自分の考えを変えずに済み、その結果心の安定が保たれる。固定観念を捨てて新しい発想で物事を見るのは、自分の過去を否定するようで何とも不安なものだ。

同時にリップマンは固定観念の弊害も説明している。不確かな知識を基に事実を単純化し判断が歪む、善悪や優劣など二分法や好き嫌いの感情に支配されている、同じ考えの人の群れをつくり差別と偏見を生む、固定観念で繰り返し事象を判断するとその観念が強固となり別の見方を受け入れなくなる――などだ。

リップマンが挙げる例が面白い。外国の名所旧跡を訪れる人は、結局旅行案内書を事前に熟読し、あたかもそこに書いてある星印一つとか二つとかの等級づけを自分の旅の印象として帰ってくる、というのだ。先に旅行した人から聞いた土産話をそのまま自分も記憶し、帰郷後に自分の体験談のように人に話すこともある。

固定観念が強固になる例として、「日本人がずるいと前から知らされていた人が、あいにくと不正直な日本人二人とたまたま続けざまに出くわしてしまったようなときがそれだ」と言う。三人目に会った日本人が正直者であっても、もはや「日本人はずるい」という固定観念を変えることはない。

†過去を通して今を見る

こうした考えはカナダ出身のメディア研究者であるマーシャル・マクルーハン（一九一一―一八〇年）の「新しいこととは古いことから出来上がっている。われわれは新しいことに過去を見るのだ。バックミラー（過去）を見ているのだ」という言葉にも通じる。「歴史を鏡に」などとよく言うが、人々は過去にとらわれて新たなニュースを解釈すると言っているのだ。

マクルーハンは「私が信じなければ、それは存在しないも同然だ」とも述べた。これはジャーナリズムの世界で実に重要な意味を持つ。つまりいかに重要な出来事であろうとも、読者や視聴者が関心を持たなければ、あたかも起こらなかったかのようにされてしまうという恐ろしい事態を指している。

リップマンやマクルーハンは、そもそもジャーナリストが世界の森羅万象の中でどれを記事にするかを選ぶときに「これは重要だ。伝えるべきだ」という主観的な判断がなされることを指摘している。さらにそうしたニュースに接した人々がそれぞれの固定観念に基づく主観的な判断で「これは重要だ」と反応したものだけが、人々の記憶に残ることになる。

報道の現場に当てはめると、そもそも客観報道などなく、ニュースの選定から記事の書き方、映像の撮り方、編集者の直し方、そして読者・視聴者の読み方と、最初から最後まで何段階もの主観によってニュースが人々に記録される。

これは米メディアの現状を考える際にも当てはまる。アメリカ社会の左右の分断・対立はメディアの左右の分断と相互影響関係にある。右派のメディアは右派の視点から「重要だ」と判断するニュースを拾って記事にする。読者・視聴者も右派メディアに接する人は同じ思考を持っている場合が多いから興味を持って読みその内容を信じる。固定観念が同じだから、反響し合うのだ。しかも読者がついてくるから、ビジネスとしても成功だ。これは左派メディアも同じである。記者・編集者・読者・視聴者が持つ「主観」が社会の描き方、受け入れ方を決めてしまう。

二〇一〇年代からのSNS時代には同じ考え方の人で同調し、違う考え方を持つ人を排除する「フィルターバブル」、あるいは「エコーチェンバー」といった表現が出現し、悪習と指弾されたが、メディアにはもともとその「悪習」が宿命づけられている。

分断時代のメディアはその宿命を意識して、異論を必ず掲載することを使命としなければ役割を果たしたとは言えないのだが、現在の米メディアはその点が実に心もとない。

2　分断とメディア

†ロシア疑惑とは何だったのか

二〇二一年一一月四日、「おや」と思わせるニュースがワシントンから飛び込んできた。ドナルド・トランプが大統領に当選するに当たって、ロシア政府と共謀し対抗馬である民主党のヒラリー・クリントンを貶《おとし》めた、というロシア疑惑に関するものである。疑惑の根源としてメディアが報じた「スティール文書」の情報源イゴール・ダンチェンコが連邦捜査局（ＦＢＩ）に虚偽の供述を行ったとして逮捕、起訴されたのだ。しかもスティール文書は、民主党とヒラリー・クリントンの法律事務所からトランプのあら探しを依頼されて作成されたものだという。

スティール文書は英国情報機関MI6の元スパイであるクリストファー・スティールがまとめた。トランプ陣営とロシア政府の間に共謀関係があり、ロシアはトランプを大統領に当選させて融和的なロシア政策をとらせる狙いだったという筋書きである。

しかもロシア政府はトランプが二〇一三年にモスクワを訪れた際に高級ホテルで複数の売春婦と性的な行為にふけった様子を撮影したビデオを保管しているとの証言を含んでいる。ロシアはこのビデオを使ってトランプを脅しているのだという。事実とすれば、米国の最高権力者がロシアの言いなりになっているという驚愕の絵図が浮かぶ。

スティールはこの文書をFBIと米メディアに渡したのだが、以前からトランプとロシアの「共謀」話は米政界でくすぶっていた。ロシアが一六年大統領選でトランプの対抗馬だったヒラリー陣営をハッキングしたり、トランプ本人がプーチンを称賛しヒラリーに打撃を与えるような行動を促していたりしたことから、トランプの当選はロシアが助けた、との観測はもっともらしく聞こえた。スティール文書はそれを裏づけたものとみなされ、米政界を旋風のように駆け巡った。

トランプは陣営とロシアとの関係を捜査していたジェームズ・コミーFBI長官を更迭《こうてつ》

し、プーチン大統領との首脳会談では、ロシア疑惑を調べているFBIより、疑惑を否定するプーチンを信じると明言するなど、疑いを深める行動もとった。

ロシア疑惑は特別検察官が二年近くの捜査で五〇〇人もの証人を聴取し、最終報告書は「ロシアはトランプの当選で恩恵を得られるとみてその実現に動き、トランプ陣営はロシアが動けば有利に戦えると判断した」と結論づけた。トランプ陣営の幹部やロシア人合計三四人と三法人を偽証などで起訴したものの、陣営とロシア政府が連携して行動する「共謀」までは認めなかった。それぞれが勝手に動いただけだったとの見方だ。モスクワのホテルでの一件も認定していない。

†情報源は噂話

スティール文書の情報源であるイゴール・ダンチェンコはロシア生まれで米国に留学し修士号を取得、ブルッキングス研究所でロシア・東欧関係の調査をするなどワシントン政界と学界に通じてきた。起訴状によると、スティールからトランプにまつわる話をロシア人から集めるように頼まれたものの決定的な情報を入手できず、ワシントンやモスクワでささやかれているゴシップ話や酒場の噂話を「匿名の情報源からの情報」としてスティールに上げた。

また、スティール文書にあるトランプ陣営とロシア政府の「共謀」は、ダンチェンコがトランプとクレムリンの双方にパイプを持つ実業家から入手したと言われてきたが、ダンチェンコはこの実業家に会ったこともなかった。「共謀」の裏づけとしてトランプの顧問弁護士がロシア情報機関員と面会したとの情報も盛り込まれていたが、これも虚偽だった。

これでは、ロシア疑惑とは、民主党とヒラリー陣営による、トランプを貶めるための虚偽工作だったことになる。ロシア疑惑はスティール文書だけで発覚したものではないし、FBIや特別検察官は文書が明るみに出る前から、トランプ陣営とロシア政府の関係を捜査していた。だが、文書が示した「共謀」の断定とモスクワのホテルでの話が強烈だったことから、トランプの悪行を際立たせた。民主党を中心にロシア疑惑でのトランプ弾劾要求が高まり、もともと反トランプ感情が強い米メディアには疑惑を巡る記事があふれ、その影響を受けて日本でも報道が続いた。

しかし、結局は酒場の噂話を基にしたトランプ貶めの工作だった。さすがにこの展開には『ワシントン・ポスト』紙がロシア疑惑に関する過去の記事は「正確ではない」として訂正した。同紙の編集局長は「前代未聞」と言っている。調査報道で定評がある米メディアがこの文書の正当性を見抜けなかったのは、汚点としか言いようがない。

ロシア疑惑については、私も胸を張って米メディアの過ちを指弾できない。

二〇一八年五月に来日したCIAの元幹部であるグレン・カールに、スティール文書とロシアゲート疑惑について聞いてみた。カールはスティールを直接知らないが、その情報機関員としての評判はすばらしく、スティール文書は情報機関員の間で交換されていた情報だったので信頼できると言った。この発言をもって、私もスティール文書は使えると結論づけたものだ。

しかし、実際は違った。トランプはロシアとの「共謀」もモスクワのホテルでの一件も「フェイクニュースだ」と完全否定していたのだが、米メディアも私も耳を傾けなかった。

†メディアが間違えた三つの理由

それにしてもなぜ、メディアはスティール文書の内容を自ら調べ直して信頼性を確かめなかったのか。スティールが豊富な経験を持つその世界で知られた情報員だとしても、今は民間の調査会社を個人で営むだけだ。調査結果の信憑性や客観性は劣るとみるべきだ。

先述したグレン・カールが面白いことを言っていた。司法機関であれば、裁判に耐えるだけの十分な証拠がなければ訴追しない。メディアは情報のウラをとってから記事にする。だが、情報機関はそこまで求めない。国家の安全にとって重要な情報があるのに証拠がない、あるいはウラが取れないと言って行動を起こさなければ、職責を果たしたと言えない。

国を裏切ったと指弾される。

9・11テロでは航空機を使ったテロが行われるとの情報がありながら、情報機関は確度が十分でないとして動かずテロを防げなかった。だから情報機関は責められた。情報機関は不確かでも疑いがあれば、警告を発して政府に対応を促すのが仕事だと言うのだ。

メディアは、カールが言うように情報機関が覚知したものでも、ウラを取る。その行為がロシア疑惑では行われなかった。それには三つの理由があると思う。

一つはリップマンの言う固定観念である。トランプやロシアに対してすでに抱いていた固定観念に沿った内容だったから、疑いが浮かばなかった。トランプは実業家としてロシアでの不動産ビジネスに意欲を持ち、プーチンを「強い指導者」と礼賛していた。

トランプは複数の女性と不倫し多額の口止め料を払っていたなど女性との関係がルーズだったから、モスクワでの売春婦との関係も「ありそうだ」と受け止められた。「証明できなかったが、虚偽であるとも断定できなかった」とあるリベラル派のテレビキャスターは語ったが、嘘と証明されなければ報道してもよいというのはジャーナリズムではない。

一方ロシアのほうは一九九〇年代にNATOの拡大でロシアの影響圏を奪ったビル・クリントン大統領とその妻のヒラリーを嫌っていたし、有権者登録システムや民主党へのハッキング、SNSなどインターネット上で米政治への不信や不安を拡散することで、トランプが有利となる工作を実行していた。

これらの状況は両者への固定観念を生んだ。リップマンが『世論』で描いた通り、トランプとロシアはグルだという観念に適合する「事実」としてスティール文書は受け入れられた。

次にメディアがトランプを嫌っていたため、文書の信憑性に疑いを持った記者も大きな声を上げなかった。トランプの味方をしているとみられるのを避けたのだ。

トランプは選挙戦の最中から大統領を務めた四年間、そしてその後も伝統的なリベラルメディアを「フェイクニュース機関」と非難し、ホワイトハウスを取材する記者の個人攻撃をした。品性が悪く倫理観に欠けるとみなされてきた。大統領選で敗北の結果を認めず、支持者に暴力的な行為を促すなど、民主主義原則を損なう人物だった。報道に敬意を払わないメディアとしては許せない大統領だった。

ジャーナリストは本来であれば、気に入った人物も気に入らない人物も平等に扱わなければならないのだろうが、現実は違う。

最後はネットメディアが発火点だったことだ。スティール文書は新興ネットメディアの「バズフィード」が最初に報道した。バズフィードは「証明されていない」と但し書きをつけながらも文書の全文を写真とともに紹介した。伝統的なメディアであれば、「証明されていない」ものは報道しないのが原則である。

だが、ネットメディアであっても報じられたことで、あたかも事実のように世界に伝わり、大きな話題となった。すると伝統的なメディアもスティール文書について報じないわけにはいかなくなり、トランプとロシアの「共謀」やモスクワのホテルでの行動が人々の認識の中に確固としたものになっていったのだ。

†スキャンダル報道の罠

米メディアのスキャンダル報道のむなしさを私が最初に味わったのは一九九〇年代後半に米国で大騒動となった民主党クリントン大統領の不倫もみ消し疑惑である。

クリントンは初の戦後生まれ大統領として注目された。クリントンが当選した一九九二年の選挙ではクリントンと現職大統領ジョージ・ブッシュ（父）に加えて実業家ロス・ペローが第三の候補として出馬、クリントンは四三パーセントという低い得票率で勝った。この得票からしてクリントンは保守派から正当な大統領として認められなかった。

加えてクリントンにはアーカンソー州知事時代から土地取引をめぐる蓄財疑惑や徴兵逃れ疑惑や不倫問題があった。また夫人のヒラリーは著名なリベラル派弁護士で過去のファーストレディとは異なり政策づくりで影響力を振るった。これらも保守派からの不評につながった。

一九九八年に発覚した不倫もみ消し疑惑は不倫だけでなく疑惑を捜査していた特別検察官に不倫の事実を否定し、それが偽証であるというものだ。偽証は、捜査妨害や法廷侮辱罪となり大統領に求められる倫理性の欠如であり、弾劾・罷免《ひめん》に相当するというのが共和党の主張だった。メディアも弾劾・罷免の可能性があるとして、報道合戦を繰り広げた。

クリントンがホワイトハウスで行ったインターン女性との性行為が描かれた特別検察官の報告書や、最初は嘘をつきその後認めたクリントンの証言ビデオ映像などは世界中でウォッチされたものだ。

不倫や偽証が問題であることは間違いない。大統領は高い倫理性が求められるのは当然だ。しかし、私は担当記者として膨大な量の記事を毎日書きながら、この問題のために超大国米国のトップを弾劾裁判にまでかける意義があるのだろうか、という疑問が頭から離れなかった。不倫がバレて最初はしらを切ったものの、相手の女性が明言し逃れられなくなって最後はみっともなくも認めた、それがアメリカの大統領だったというストーリーである。

権力を使った不倫や嘘をついた責任は大きいが、米国の政治がそれ一色になったのは納得できなかった。この頃アジア経済危機は世界中に飛び火しグローバル経済をマヒさせていたし、オサマ・ビンラディンは9・11テロの構想を練っていた。中国は拡張主義の動きを始めていた。米国ではITバブル、金融バブルが始まり、その後の金融危機の芽が現れていた。格差の拡大も日ごとにひどくなっていた。

米国も世界も大問題をたくさん抱えていたのだが、米政界は大統領を憎む共和党による不倫問題追及とそれに対する民主党とホワイトハウスの攻防が最大のニュースとなり、メディアもそれを煽った。一外国人特派員である私は、米国の「平和ボケ」を感じたものだ。

†皆が金字塔を打ち立てたい

メディアはなぜスキャンダル報道に力を入れるのだろうか。権力とは常に腐敗するものだから、スキャンダルを追及することで権力の腐敗を防ぐという重要な使命がメディアにはある。スキャンダルは国民が関心を持つから、ビジネスとしても利益を上げられる。

ただ、私はクリントンの疑惑報道に熱を上げる記者たちを見て、「皆ウォーターゲート事件のウッドワードとバーンスタインになりたがっている」との批評家の言葉に納得した。『ワシントン・ポスト』紙のボブ・ウッドワードとカール・バーンスタイン両記者はウォーターゲート事件の調査報道でリチャード・ニクソン大統領を辞任に追い込んだ。米メディア史の金字塔である。

米国で大統領のスキャンダルが起きるたびに、大統領弾劾の可能性が語られ、弾劾につながる特ダネを争って記者が情報探しに躍起になる。金字塔を狙う気持ちは理解できる。野党も加勢するからさまざまな情報を得やすい。

その結果、不倫もみ消し疑惑のような、倫理的に許されないが大統領を罷免するほどでもないスキャンダルを、ウォーターゲート事件のような大事件であるかのようにメディアは扱う。記者の出世欲や政敵追い落としを目指す野党の執着などさまざまな要素が混ざり合い、雪だるま式にスキャンダルが巨大な事件に膨張する仕組みがあるのだ。

レーガン時代に起きたイラン・コントラ事件もそうだった。イラン・コントラ事件とはレバノンでイスラム教シーア派組織によって人質に取られていた米国人解放のために、シーア派組織に影響力を持つイランに非合法的に武器を売却し、その売却代金をニカラグアの反政府ゲリラ（コントラ）に与えたというハリウッド映画のような大胆なものだ。ロナルド・レーガン大統領の責任追及は当然である。

しかし、動機は米国人人質の解放であり、そのために米政府がイランとの関係づくりを企図していた。イランへの武器の売却や代金をコントラに回したのは違反なのだろうが、大統領の資質を問うたメディア報道は度を超している。イラン・コントラはウォーターゲート事件以来の大統領スキャンダルだけに、記者たちは燃えたのだが、ここでも金字塔を打ち立てたいという野心が先走っていた印象を私は持っている。

国民不在の報道

だがウォーターゲート事件は違う。この事件は一九七二年の大統領選で現職大統領だったニクソンの陣営が対抗馬だった民主党の動向を盗もうと民主党全国委員会に盗聴器を仕掛け、盗聴犯が逮捕された後にはニクソン自らが隠蔽工作に関与したというものだ。ニクソンは虚偽発言を繰り返し、捜査への協力拒否、証拠改竄《かいざん》、さらに捜査を担当していた特別検察官の解任まででした。

ここまで大統領が私利私欲の目的や悪意を持って違法行為を行ったとなれば、辞任もやむなしという結論に至る。イラン・コントラ事件や、クリントンの不倫もみ消しスキャンダルとは異なる。トランプについてもロシア疑惑に限れば、ロシアとの「共謀」はなかった。ウォーターゲートとは悪のスケールが異なる。

それをよく理解したのが国民である。ギャラップ社の調査では、イラン・コントラ事件の報道が過熱した一九八六年一二月にはレーガンの支持率はそれまでの六〇パーセント前後から四〇パーセント台に落ち込んだものの、その後半年で五〇パーセントに復帰、八八年一二月の政権末期には六三パーセントという高支持率を獲得した。クリントンも九八年一月に不倫もみ消し疑惑が初めて報道されてから退任までの三年間、支持率は一度も五〇パーセントを割り込まず、九八年一二月に米議会で弾劾訴追が可決されたときなどは七三パーセントに達した。

レーガンの「強い米国の再生」は経済の好転とソ連の弱体化をもたらし国民の喝采を浴びた。クリントンも米経済に未曽有の成長をもたらし情報産業、金融産業の興隆を実現し、国民は景気拡大を享受した。国民はメディアのスキャンダル報道に背を向けていたのだ。

ニクソンはウォーターゲート事件の隠蔽工作で三〇パーセント台に支持率が落ち、辞任直前には二〇パーセント台半ばに落ち込んでいた。レーガンとクリントンの疑惑報道はメディアと野党の独りよがりの性格が色濃かったことが分かる。

さてトランプはどうか。トランプはロシア疑惑だけでなく、白人至上主義を擁護する言動、女性蔑視発言、そして最後には自分が敗北した大統領選挙の結果を認定する手続き中の連邦議会議事堂を支持者が襲撃するなど騒動だらけの四年間だった。だがその支持率は一貫して四〇パーセント前後で、特に共和党層からは堅い支持を得た。メディア報道は国民全体の意識を反映せず、民主党支持者とだけ共鳴しているのではないか。そんな懸念が消えない。

†背を向けられるメディア

トランプ時代以降の米メディアの問題として、左右の対立の中で国民に広く愛される媒体ではなくなったことがある。

米国民の分断はレーガン時代に顕著となり、クリントン、ブッシュ、オバマと大統領が代わるたびに激しさを増してきた。メディアが分断を煽っているのか、それとも分断がまずありメディアが巻き込まれているのかは議論が分かれる。一九九〇年代からの情報技術革命で多くの新興メディアがインターネット上に登場し、大都市に拠点を置く穏健で伝統的メディアの独壇場ではなくなった。ネットメディアには極端な党派的言論や扇動目的のメッセージがあふれ、不満を抱く層を引きつけている。

ギャラップ社が二〇二一年九月に実施した世論調査では、マスメディアを信頼すると答えた人は三六パーセントである。この調査が始まった一九七〇年代は七〇パーセント前後の信頼をメディアは得ていたのだから半世紀で大きく落ち込んだ。

注目すべきは民主党支持者でマスメディアを信頼すると答えた人は六八パーセントだが、共和党支持者の間ではわずかに一一パーセントしかないことだ。自分をリベラル派と答えた人の間では六一パーセント、保守派と答えた人では二〇パーセントである。党派によってマスメディアへの信頼はこうも違うのかと驚く。

　共和党支持者の間では過半数が依然トランプが正当な大統領だと考えていることが世論調査で伝えられている。二〇二一年五月にロイター通信が中心になって行った調査では共和党支持者の五三パーセントがそう答えている。右派新興メディアは「二〇二〇年大統領選の開票ではトランプ票をバイデン票と読み替えるソフトが使われた」などと主張し、トランプ勝利を訴え続け視聴者を増やした。彼らは、マスメディアは信頼できないと主張し続けている。

†トランプ派が抱える不安

　先述したロイター通信の調査で注目すべきは、トランプが正当な大統領と答えたのは国民全体で実に二五パーセントに上っていることだ。無党派層でも二二パーセントが正当な大統領はトランプだと答えている。日本ではトランプ派を「理性的な思考ができない人々」と伝えがちだ。特に二〇二一年一月六日の米議会襲撃者の暴力を見れば、そう思ってしまう。

　だが、トランプを正当な大統領とみなす人々は狂信的なトランプ信奉者だけではない。二〇二〇年大統領選でのコロナ禍を理由とした郵便投票や期日前投票の急増などこれまでの選挙と異なる投票方式に対する違和感や、トランプのアメリカ・ファースト、つまり保護主義型の対外政策、不法移民への強硬策や白人の権利擁護、社会の治安維持を唱えた内政への共感がある。

マスメディアへの不信感はトランプ派の白人が抱く将来への不安の裏返しだと思う。移民の増大で居場所を失う恐怖感である。これは高等教育を受けていない「忘れられた白人男性」だけではなく、中産階級に広く共有される問題だ。それにバイデンら既存の政治家が本気で取り組んでいないと考えているために、トランプに人心は流れるのだろう。

問題はメディアが不安を増長していることだ。トランプ派は社会の多様化、進歩に遅れる「負け組」との趣旨で表現されている。米国はやがて白人人口が過半数を割り込むことになるが、そうした傾向を先取りするように社会的少数派の活躍に焦点を当てる記事が紙面にあふれている。それを読んだ白人たちが、メディアは自分たちの思いを代弁してくれない、と考えてもおかしくない。

これでは七〇年代にメディアが誇った広範な支持は望みようがないし、米国社会を正確に伝えているとも思えない。その結果われわれは米マスメディアをいくら詳細に分析しても米国社会の行く末を理解できない。

3　聖域でない「報道の自由」

†最高裁判事のつぶやき

米メディアの問題点を痛烈に指摘したのが、ユタ大学のロンネル・ジョーンズとジョージア大学のソーニャ・ウェスト両教授だ。二人は一八世紀末の建国当初からの連邦最高裁判決や判事のさまざまな意見を調べ、米国の「報道の自由」の守護神と思われてきた最高裁の判事たちが、最近はメディアを擁護しなくなったという結論に達したのだ。何しろ過去一〇年にわたり、最高裁判事はメディアについて前向きな発言をしたことがないというのだ。

「報道の自由や報道の機能に対して最高裁判事らは発言しなくなり、発言しても否定的な評価が圧倒的だ」と彼らは断言している。保守派判事はもともとリベラルなメディアに眉をひそめていたが、今やリベラル派判事も、メディアをたたえるよりもむしろ中立的な発言に終始している。

ベトナム戦争中に国防総省秘密報告の掲載差し止めを求めたニクソンとメディアが対立

した裁判では、最高裁は「報道の自由」を掲げてメディアを支えた。ウォーターゲート事件でも最高裁はニクソンに厳しい決定を下してその隠蔽工作を明るみに出し、メディアを応援した。最高裁は米メディア界の味方をしてきたのだから、その変質は驚きだ。

史上初めて大統領選の勝敗が最高裁判決で決まった二〇〇〇年秋、私は最高裁の法廷へその審理を聞きに通った。票の判定をめぐり開票では決着がつかずに最高裁まで持ち込まれたブッシュ対ゴアの対決は、難解な法律用語が飛び交う難しい取材だったが、最高裁が私のような外国人記者に毎回取材席を設けて対応したことに、報道の自由を重視する姿勢が確立されていると感銘を受けた。昼食をともにしながら、最高裁の仕組みを熱心に説明してくれた判事補もいた。

最高裁はなぜ態度を変えたのだろうか。両教授の分析では、メディアがイデオロギー対立の当事者になってしまったことや、個人のプライバシーや名誉を貶める報道を繰り返していることを挙げている。

保守派のワシントン連邦高裁判事は、『ニューヨーク・タイムズ』、『ワシントン・ポスト』、そしてほぼすべてのテレビが「民主党の宣伝機関となった」と最近述べている。中道派の最高裁判事はトランプ現象が起きる前から、短く浅い一言コメントや決まり切った主張など、「新聞と放送の衰退」を憐れんでいた。

先述のギャラップ社のメディア信頼度調査からは、共和党支持層だけでなく無党派層もメディア不信を強めていることが分かる。これではマスメディアは「民主党の宣伝機関となった」との見立てもあながち的外れとはいえない。最高裁がメディアの評価を下げたのも国民意識の反映と言えそうだ。

「報道の自由」で私が思い出すのは、米国の人種問題を白人の立場から論じているジャレッド・テイラーとの会話だ。テイラーはウェブサイト「アメリカン・ルネサンス」でトランプに好意的な見方を発表しており、何度かインタビューしたことがあるが、二〇二一年一月六日の米議会襲撃事件の直後にあらためて見解を聞いてみた。

彼は襲撃事件を非難しながらも、フェイスブックやツイッターなどSNSが、トランプやトランプ派のグループのアカウントを暴力を煽っているとして凍結したことを嘆いていた。

これらは「言論の自由」を封じる行為であると言う。暴力の扇動は許されない。だが、憲法上の自由を否定するのだから司法手続きがとられるべきだが、民間企業の判断で決まった。もっと疑問が投げかけられてもよいのだが、言論の自由の立場からフェイスブックの判断を正面から問うメディアは少なかった。「トランプ派の発言の機会を奪うのはおかしい」とテイラーは不満を表明した。

†政争当事者となったメディア

前にも述べたように、米メディアがトランプに厳しい背景には、「フェイクニュース機関」などというトランプからの徹底的な攻撃に対して、メディア側も応戦せざるを得ないという事情がある。メディアは二〇二〇年大統領選では民主党のジョー・バイデンに好意的だったが、一方の候補者への肩入れととられかねない危うさがあった。

トランプに敵対する姿勢から、メディアはトランプの発言を軽視したのも事実だ。たとえば新型コロナウイルスの発生源をめぐる報道である。最初に感染が確認されたのが中国武漢市であったことから、武漢にあるウイルス研究所から流出したという憶測が流れた。トランプをはじめマイク・ポンペオ国務長官らがその疑いを唱えたものの、メディアは大きな扱いをしなかった。ところが、バイデンが就任直後に米情報機関に調査を命じたことから、突然大ニュースになった。確たる新情報が出てきたわけでもないのにである。

トランプやポンペオらメディアにとって好ましくない人物が言っても「コロナ対策のまずさを中国に責任転嫁している」と批判し、バイデンというメディアにとって「正しい人物」であれば同じ発言であっても、確かな情報であるように報じる——。こんな指摘がトランプ派から聞かれた。これもメディアが「民主党の宣伝機関」と批判される原因であろう。

ただ最高裁自体もリベラル派の間で評価を下げており、米国分断の当事者になってしまったという現実もある。実際、最近就任した保守派最高裁判事はみな、上院で僅差で承認されており、国民が憲法の番人たちに広く信頼を寄せているとは言えない。

問題は、最高裁がメディアに背を向ける傾向を続ける先に何が起こるかだ。

米国でメディアが持つ力は、表現の自由を定めた憲法修正第一条と一九六四年の最高裁判決に基づく。『ニューヨーク・タイムズ』が被告となったこの事件では、新聞が誤報で生じた損害への賠償を支払うべきかどうかが争われ、相手が政治家や公務員、芸能人、企業幹部の場合は賠償を支払う必要がないとの判決が下された。

これは判例となり、メディアは公人を批判する記事を、誤報の非難を恐れずに報じられる原則が確立された。訴訟大国米国でメディアは「聖域」となったのだ。この結果米メディアの大統領や大企業に対する遠慮ない批判が可能となった。

だが先述の両教授はこのまま最高裁がメディアに敵対していけば、一九六四年判決を覆す可能性があると示唆している。すでに最高裁判事の一人は、一九六四年判決に否定的な見解を発表している。そうなれば、米メディアの政界・経済界・芸能界への追及は決定的に弱まるはずだ。もし誤報による莫大な損害賠償が認められれば、倒産するメディア企業も出るから、追及の矛先は鈍ってしまう。

SNSには、大統領だったバラク・オバマは「米国生まれでないから憲法上大統領になる資格がなかった」といった虚偽情報があふれている。これらも「言論の自由」として訴訟から守られているが、最高裁が態度を変えれば、名誉棄損として巨額の賠償を命じられるはずだ。

SNS上から虚偽情報が一掃されるのは結構だが、メディア全体の牙が抜かれるのは民主主義社会にとって大きな喪失である。

†一六一九プロジェクト

米メディアの党派性からくる混乱を象徴する一つの論争を考えてみたい。

論争の的は、『ニューヨーク・タイムズ』が発行する雑誌のキャンペーン企画「一六一九プロジェクト」である。一六一九とは、北米の英植民地に初めてアフリカから黒人奴隷が連れて来られた年だ。このプロジェクトは米国が独立を宣言した一七七六年ではなく、一六一九年こそが今に続く米国という国家が誕生した年であると提起して命名された。米国の歴史に対する黒人の貢献を強調し、国民の啓発を目的としている。

長く虐げられ、今も差別に苦しむ黒人の権利主張は支持すべきである。だがプロジェクトの記事は歴史の定説を覆すものが多く、物議を醸している。

最も論争を呼んだのは、米国の歴史を黒人による白人至上主義に対する戦いの歴史であると定義し、一七七六年の独立宣言を軽視している点だ。確かに独立宣言には「すべての人は平等につくられ」との有名な言葉が含まれているが、独立後の憲法では黒人奴隷は一人ではなく五分の三としか数えられなかった。

黒人運動からみれば、独立は真の意味での人間の平等を実現していない。しかし英国の王制支配の束縛から逃れて実験的な独立国家として理想を独立宣言で発し、歩みを始めた一七七六年を軽んじる解釈は、歴史家や国民から納得を得られるものではない。

このプロジェクトは、米国を彩る特徴はすべてこの奴隷制、黒人差別に発していると言い切っている。確かに米国の人種問題は国民分断、格差など根深い問題の原点だ。だが、一方で米国の特徴には、世界一の経済、シリコンバレーが象徴する技術革新、表現の自由に守られた言論・報道活動や芸術活動、移民の受け入れ、活発な対外関与など、人種問題と直接的な関連性が薄いものも多い。奴隷制に今の米国の起源を求めるのは無理がある。

保守派だけでなくリベラル派の歴史学者も「バランスを大いに欠いた、一方的な説明に当惑する」とコメントした。プロジェクトのリーダーは「奴隷制反対、人種差別反対、公民権運動、そして民主主義の戦いは黒人が担ってきた」と述べたが、奴隷制廃止運動や公民権運動には多くの白人が参加したのに無視されていると批判された。米国の独立戦争は奴隷制を維持するためだったとの発言も、事実の歪曲であると反論が出た。

ジャーナリズム界からも批判が上がった。「自分たちの主張に合う事実だけを並べている」「ジャーナリズムは複雑な歴史をイデオロギーに合わせて単純化することではない」というものだ。

このプロジェクトのリーダーは二〇二〇年のピュリッツァー賞を受賞し、学校教育でこれらの記事を扱うよう呼びかけたが、当時のトランプ政権はプロジェクトの問題点を調べる委員会を設立し、共和党は教育現場にこれらの記事を持ち込まないよう唱えた。二〇二一年一一月のバージニア州知事選では、学校教育が一六一九プロジェクトなど黒人史観に染まっていると訴えた共和党候補が当選した。

米国の人種をめぐる対立では、初代大統領のジョージ・ワシントンら歴史上の人物が奴隷制を擁護したとして、その銅像を引き倒す事件もあちこちで起きた。そして、メディアもその対立の舞台となっている。

根拠がない陰謀論が流れる極右ウェブサイトに比べ、このプロジェクトは人種問題の根に注目するもので真剣に受け止めるべきだ。だが、名門紙が「事実よりも主張」を重視する姿勢を見せれば、メディアは国民の信頼を裏切ってしまうのではないか。

先述のギャラップ社のメディア信頼度調査はまさにそのことを物語っているのだ。

4　愛国の戦争報道

†米メディアは自由か?

米国は戦争をする国だ。二〇世紀から二一世紀の歴史を見れば、大きな戦争だけでも第一次、第二次大戦、朝鮮戦争、ベトナム戦争、湾岸戦争、アフガニスタン戦争、イラク戦争と続けてきた。小規模な軍事作戦であれば、一九八〇年代以降だけでも、グレナダ侵攻(八三年)、パナマ侵攻(八九年)、ボスニア・ヘルツェゴビナ空爆(九四—九五年)、コソボ空爆(九九年)、リビア空爆(二〇一一年)、シリア空爆(二〇一四年)などがあった。

北朝鮮やイランには絶えず軍事圧力をかけ、同盟国や友好国への軍事支援を常時行っている。四〇年以上続いた冷戦ではソ連と対峙し、そして今は中国とにらみ合っている。ウクライナ戦争ではウクライナ政府軍に対戦車ミサイルなどの兵器のほかロシア軍の動向に関する機密情報を提供し、事実上戦争に参加している。

米国の戦争への敷居が低いから相手国は警戒し、万が一のことを考えてその言うことに従うという抑止力の効用も国際政治の現実である。好戦的な国だからこそ、世界唯一の超大国であり続けているのだ。

このため世界が注目するのは、米国が次の軍事行動をいつどこで始めるかである。世界を変えるのは米国の戦争であることが多い。戦争の兆し、そして実際に戦争が始まった場合の戦況や和平の動きなどを、米メディア報道で世界は知ろうとする。「報道の自由」が確立された米メディアであるから信頼に足る真実を伝えてくれるとの期待があるのだ。

しかし、私の経験ではそうではない。「戦争の最初の犠牲者は事実である」というのは米上院議員で副大統領候補にもなったハイラム・ジョンソン（一八六六―一九四五年）が第一次大戦の際に述べた言葉だと言われているが、まさに米メディアの戦争報道を見れば、その思いを強くする。米メディアは政府の戦争政策も検閲も忖度もなく自由に報道しているに違いないと考えがちだが、それは違う。

ベトナム戦争、湾岸戦争、アフガニスタン戦争、イラク戦争と進むにつれ、報道はどんどん政府の壁に阻まれ、誘導され、そして事実への肉薄ができなくなっている。

第一次、第二次大戦、朝鮮戦争は報道統制があり、自由な取材や批判的記事は制限された。ベトナム戦争が自由に取材できたことは、第1章で日本人記者・フォトグラファーらの活躍で触れた通りである。

その結果、戦争の悲惨さ、米軍の戦場での敗退が報じられ、反戦運動が巻き起こり、米軍の屈辱的な撤退につながった。しかしその後は米軍がメディアをプール取材方式でコントロールし、自由な取材はできない方式に変わった。

†操縦されたメディア

私は湾岸戦争を最初から最後まで、サウジアラビア・リヤドに臨時に設けられた中東軍（現・中央軍）司令部に詰めて取材したが、司令官に同行しての前線取材以外はイラクやクウェートの戦地に出向けず、戦争取材の意気込みは空回りに終わった。米メディアが中心となった代表（プール）取材はあったが、コンバット（戦闘）プールと名前だけは勇ましいものの、プール取材のメモには軍による検閲まがいのチェックがあり、生々しい情報は含まれず、記事に使えなかった。

精密誘導爆弾がイラク軍の拠点や戦車部隊に命中するコンピューター映像を見て、司令官の会見を聞き、記事を毎日書いた。そしてこの戦争が中東アラブ世界にもたらす余波を分析せずに、無邪気に勝利を喜び帰国を急ぐ米メディアに物足りなさを感じたものだ。

湾岸戦争ではまさに、ハイラム・ジョンソンが言った事実が犠牲となる事態が起きた。イラクのクウェート侵攻の非道をアピールするために、クウェート人少女がイラク軍兵士による小児病院での蛮行を目撃談として米議会で証言したが、この少女は駐米クウェート大使の娘でワシントンで生活しており、蛮行は目撃していなかった。米広告代理店がクウェート政府の依頼を受けて虚偽証言の振りつけをした。米軍の空爆によって流出した石油にまみれた水鳥の映像は、米軍ではなく「イラクによる環境テロ」としてでっち上げられた。このあたりは、ウクライナ戦争におけるロシアのさまざまな虚偽情報に通じるものがある。

私にも苦い記憶がある。湾岸戦争の地上戦が迫る中、米海兵隊を載せた艦船がペルシャ湾を北上しクウェート上陸を目前にしていると聞き、地上戦は海岸への上陸作戦で開始する、との記事を盛んに書いた。だが、実際は陸上国境から一挙に進撃したのだ。海兵隊のペルシャ湾北上は、イラク軍の防衛態勢を空振りに終わらせる陽動作戦だった。メディアはまんまと米軍に使われたのだ。

もう一つの苦い思い出は戦争末期のものだ。イラクがクウェートから撤退した後、米軍将校が米軍の支援を受けたイラク反体制派のシーア派やクルド人勢力の首都バグダッドへの進撃を解説してくれた。イラクで政権打倒が今にも起きるような勢いだ。これも盛んに記事にした。

だが、ジョージ・ブッシュ（父）大統領は政権転覆までは求めないと決断し、反体制派支援を突然やめた。その結果反体制派は総崩れとなりイラク軍に虐殺された。米軍将校の解説は、メディアが報じることで反体制派を勢いづかせ、フセイン体制を揺さぶる操作だったのだと今は思う。

その後私はテヘラン特派員としてイランに赴任したが、そこで会ったイラクのシーア派指導者らから、米国の無情さをののしる言葉を聞いた。その無情な情報操作に加担したとの記憶は重いものだった。

「湾岸戦争で負けたのはイラクとメディアだ」と言われるが、反駁《はんばく》できない事実である。

†広告代理店の戦争宣伝

一九九〇年代の旧ユーゴスラビアの紛争で米国の大手広告代理店がセルビアを「悪者」に仕立て反セルビア報道を煽り、その結果米国の軍事介入が実現したのはよく知られている。米国が率いるNATO軍の二回にわたる大規模空爆で、セルビアはボスニア・ヘルツェゴビナのイスラム教徒、そしてコソボのアルバニア系住民に敗北した。

ちょうどこの頃、私はニューヨークの国連担当特派員として安全保障理事会で毎日のように開かれていた旧ユーゴ関連の審議を取材し、実際に旧ユーゴに出張して紛争の現場を歩いた。正直な印象として、長い歴史を持つバルカン半島の民族紛争でなぜ、セルビア人、そしてその背後にいるロシア人が、これほど悪者として扱われるのか、理解できなかった。民族紛争と言えば複雑な民族間の因縁があり、善悪を簡単に下せないはずだ。

だが、米国育ちというボスニアの国連大使が流暢な英語で日本人記者も含めて各国記者団と和気あいあいで情報交換をしたのに対して、セルビアの国連大使は英語を十分に話さず陰気で、国連記者団の間では評判が悪かった。ボスニアは軍事力ではセルビアに圧倒的に不利だったから、米国も含めて国際的なメディアを味方にするPR戦略を委託した米広告代理店からアドバイスを受けていたが、その効果は上がった。

「民族浄化」「強制収容所」などのキーワードでセルビア人とセルビア大統領のスロボダン・ミロシェビッチに悪のレッテルを貼る工作を広告代理店が行い、ナチス・ドイツやヒトラーを彷彿とさせる報道も相次いだ。

特に強制収容所の報道は、実際に記者が収容所を訪れることなく脱走者情報に基づいており、死体が積み上げられ、食料が果て、医療も施されずにアウシュビッツ収容所のような大量虐殺が行われているとのショッキングな内容となった。だが、ホロコーストを想起させた鉄条網の収容所で撮られたという写真のやせ細った男性は被収容者でなく難民として滞在しており、所内に閉じ込められていたのではなく鉄条網の外にいたことも分かった。

コソボではアルバニア系男性一〇万人がセルビア人に虐殺された可能性があると米政府

が明らかにし報じられたが、その事実も確認されなかった。

問題は米メディアが大手広告代理店の流す情報や相手民族を貶めるために誇張された情報を、ジャーナリズムとして必要な検証をせずに報じたことにある。

広告代理店の発した「民族浄化」「強制収容所」といったキーワードメッセージで「セルビア人＝悪」という見方を広めようとしていたとしても、メディアは独自で検証すべきだ。紛争で現地に分け入っての取材が難しいとしても、少なくとも対立するセルビア人側の説明を加味してバランスをとるべきだろう。戦争であれば、一方だけが悪いということはまずないのだ。

だが、米メディアは、セルビア人は悪行を働いているのだからそれを見つけて告発するという目標を固定してしまい、なぜこの戦争は起きたのか、他の民族と比べてセルビア人の悪行はどの程度ひどいのか、といった本質的な検証は避けたと思わざるを得ない。

この肩入れの仕方や広告代理店の操作への弱さは、湾岸戦争でクウェート人少女の虚偽の証言に騙されたことに続いて、はたして米メディアに真実を見極める能力があるのか、と疑問を抱かせる。

今、ロシアはウクライナ戦争でロシアメディアを使った工作で米国に挑戦している。ロシアは旧ユーゴでの米メディアを使った「悪」の一方的なレッテル貼りの記憶を忘れてはいないだろう。だからこそ今、米国に譲歩をせずに同様の作戦を仕掛けているのではないだろうか。

ウクライナ戦争では、米メディアはウクライナの主張を積極的に報じている。ウクライナという独立国の政権打倒を目的に軍事侵攻し無差別攻撃に踏み切ったのだから、プーチン大統領を徹底的に非難するのは当然だ。一方でプーチンの破滅的な失政である侵攻で経済制裁を科されて苦しむロシア人の思いに関する報道は、十分足りているだろうか。「悪」のレッテル貼りが権力者だけでなく、国家、国民に及んでいるのが気になる。

†9・11と愛国心

二一世紀は9・11テロで始まった。冷戦後の平和な日々はニューヨーク・マンハッタンにある世界貿易センターの二つのビルの崩落で終わり、対テロ戦争の時代に突入した。そして米メディアも対テロ戦争という相手を定められない、終わりの見えない戦争の取材で劣化していった。

湾岸戦争で「負けた」米メディアは、国防総省と①プール（代表）取材でなく独自取材を原則とする、②プール取材を組織する場合はできるだけ規模を大きくし早期に解散する、③記者は米軍の安全を保証する原則を受け入れ違反者は追放もありうる、④記者は大部隊へのアクセスを保証される――などの合意を交わした。

しかし、アフガニスタン戦争は米軍の徹底した空爆が主体であり地上部隊はCIAなど特殊部隊員の数百人が入っただけだった。作戦の指揮をとった中央軍司令官はアフガニスタンや周辺地域ではなく、司令部があるフロリダ州タンパに常駐した。このためメディアはワシントン近郊の国防総省でドナルド・ラムズフェルド国防長官の記者会見や空爆のコンピューター映像で戦争の記事を書いたのだ。

現地入りは米軍と連携して地上戦を担った反タリバンの北部同盟に従軍するしか手がなかった。ヒンズークシ山脈を越えてカブール入りするCIA要員の動きなど迫力ある記事もあったが、北部同盟への密着取材は米メディアより日本メディアのほうが進んでいた。二〇〇一年一〇月七日の開戦や一一月一三日のカブール陥落を、共同通信など外国メディアはいち早く伝えた。

CIAや米軍特殊部隊は基本的に取材を受けつけない。陸軍の師団もウズベキスタンに駐留したが、ウズベキスタン政府が米軍受け入れに対する国内世論の反発を恐れて報道を規制したからここも取材できなかった。

当時私はワシントンで戦況を取材していたが、米国人記者が横須賀からアフガン戦争のために出港する空母キティホークへの乗船取材を要求したのを覚えている。アフガン戦争のハイライトは特殊部隊の活動だ。キティホークは特殊部隊を乗せて現地に運ぶから、乗船取材できれば特殊部隊の動きを取材できる。だが、ラムズフェルドの回答はノーだった。

結局米メディアが米軍への同行取材が認められたのは、戦争の大勢が決した一一月末だった。9・11直後のアフガニスタン戦争が「史上もっとも取材できなかった戦争」と言われたゆえんである。ある米メディアの戦争取材のベテランは「ベトナム以来、メディアの戦争取材は後退し続けている」と嘆いていた。

†星条旗に包まれて

9・11報道の特殊性は一九四一年の真珠湾攻撃以来となる米国への直接攻撃の驚愕によってメディア界も愛国心にどっぷりと浸ってしまったことだ。

権力批判で知られたCBSテレビキャスターのダン・ラザーが、涙を流しながら「大統領が命じるならばどこにでも行く」と述べるなどの一連の発言でジャーナリストとしてよりも米国民として報復に燃える心情を露わにしたのが一例である。テレビの討論番組は戦争に反対する声はほとんど伝えずに、また『ニューヨーク・タイムズ』や『ワシントン・ポスト』など有力紙の社説や評論も大半が軍事報復を支持した。

政治的な風刺を得意とするコメディアンのビル・マーが、ブッシュが9・11のテロリストを「卑怯者」と呼んだことに、「二〇〇〇マイルも離れたところからミサイルを発射するわれわれのほうが卑怯者だ」と述べ、現地で敵と戦うのではなく自らは安全圏内にいて遠隔操作の精密兵器を発射するだけの米国を皮肉ったところ、猛烈な抗議を受けてスポンサーが次々と降り、番組は打ち切られた。

作家のスーザン・ソンタグも「テロは自由世界に対する卑怯な攻撃であり、われわれは大丈夫でありまったく心配ない」とのブッシュの言説に、「テロは世界の恐るべき現実であり、われわれは超大国である米国の行動や同盟のあり方を深刻に考えるべきだ」との趣旨で反論したところ、これも激しい非難に遭った。これらの発言は的を射たものなのだが、米国世論は許容しなかったのだ。

9.11テロで倒壊する世界貿易センタービル（The New York Times／アフロ）

9・11直後にABCテレビと『ワシントン・ポスト』が共同で実施した世論調査では軍事報復を支持するとの回答は九四パーセントに達し、ブッシュへの支持率も九三パーセントと跳ね上がった。メディアはこうした世論を受けて、疑問派の声を紹介するより好戦派の声に沿ったつくりとなった。少数派であっても異論や反論に注目し紹介するというメディアの本来の役割は忘れ去られてしまった。

米政府はメディアの報道内容にも介入し始めた。9・11テロの首謀者であるオサマ・ビンラディンの声明がカタールの衛星放送局アルジャジーラに届けられ、それを米テレビ各局が報じようとしたが、ホワイトハウスは放映自粛を求めた。ビンラディンはイスラム教徒の蜂起を促しており、次のテロを生むという理由だ。ビンラディンの主張を知る機会でもあったが、メディアは放映時間の制限をつけるなどで政権の意向を受け入れた。

†戦争のお先棒を担ぐ

二〇〇二年九月七日、『ニューヨーク・タイムズ』に「イラクが核兵器製造用のアルミ管を大量に入手しようとしている」との記事がスクープとして載った。同紙は米メディアの頂点に立ち、ベトナム戦争中の国防総省秘密報告の暴露報道（一九七一年）などで、政権の戦争や国家安全保障政策を批判的にウォッチしているとみられてきた。そのメディアがイラクの核兵器製造疑惑を報じたのだから、世論のイラクへの反感は強まった。執筆したのは安全保障問題に精通する二人のベテラン記者だった。この報道以降、米メディアはイラクの核兵器開発疑惑をめぐる報道があふれた。

これらの報道を受けてブッシュ政権の高官らが連日テレビに出演し、「一年以内にイラクは核を持つ可能性がある。米国は立ち上がらなければならない」とイラク攻撃の正当性を主張しだした。疑問を呈する国際・国内世論に対しては「きのこ雲を見てからでは遅いのだ」（ブッシュ）と感情むき出しで反論した。

だが、結局イラクには核兵器どころか、化学、生物兵器計画もなかった。一九九一年の湾岸戦争の敗北で核・化学・生物兵器の開発計画は放棄していたのだ。イラクのフセイン政権が国際テロ組織アルカイダと関係を持っているとの報道も相次いだが、これも事実ではなかった。メディアは開戦の機運づくりに大きな役割を果たしたのだ。

『ニューヨーク・タイムズ』は二〇〇四年五月、イラク戦争に至る過程で大量破壊兵器に関する五本の記事に、「信頼の置けない情報」に基づく不確かな内容があったと謝罪する記事を掲載した。開戦に向けた世論形成を急ぐ政府高官や反フセイン運動の指導者らが情報源で、要するに操られたのだ。

これらの記事を執筆したジュディス・ミラーは二〇〇二年にはオサマ・ビンラディンとアルカイダがいかに急成長し9・11テロを起こすまでになったかを追跡した記事でピュリッツァー賞を受賞した。だが、イラク戦争では米政府高官やイラク反体制派の政治的な狙いに気づきながらも、情報の精査をしなかった。後に「私は情報源が言ったことを記事にしたただけ」と語ったが、これではジャーナリストでなくメッセンジャーである。『ワシントン・ポスト』も二〇〇四年八月に反省記事を掲載し、イラクの大量破壊兵器報道に疑問をさしはさむ記事はデスクの意向でボツになりかかり、あるいは小さく扱ったと説明した。イラクを悪者とする政府の表現に引きずられ、それへの反論は「どうせ戦争が始まるのだから意味がない」と軽視したという。

戦争が始まる前の記者の心理は私にもよく分かる。私はイラク戦争では東京の外信部で担当デスクを務めた。核兵器開発の兆候がないとの国連や米情報機関の報告に、それらは小さな情報として頭の片隅に押しやった。「米国が戦争をやると言ったらやる」と部下に伝え、その時期やどういった戦争になるかといった具体的な情報の入手を記者に指示した。

テヘラン特派員OBとして中東を知っていたはずだが、中東に居座る独裁者たちを一掃するには米軍の力が必要かもしれないとも考えた。正しい戦争かどうかは、後世の歴史家が決めることだと思い込んでいたのだ。

†エンベッド取材

イラク戦争では日本メディアも含めて六〇〇人もの取材陣がイラクに侵攻する米軍部隊に同行するエンベッド取材が行われた。湾岸戦争やアフガニスタン戦争で前線取材ができなかったことに比べれば、大きな変化だ。空爆でイラク軍を壊滅的な状態にしたうえでの地上侵攻だからさほど危険はないし、何と言っても米軍の勝利を間近で目撃すれば、メディアも共に喜び戦争を美化する報道をするだろうという、米政府の狙いがあった。

私がよく知る日本人記者も陸軍戦車部隊と海軍空母にそれぞれ一カ月程度同行した。彼らは米兵への心情的な共感を持ったと語っている。国防総省は巧みにメディアを米軍びいきにしたことは間違いない。

イラクの大量破壊兵器疑惑だけでなくこの戦争でメディアの敗北を象徴したのは女性兵士救出作戦である。

陸軍女性上等兵がイラク軍の待ち伏せ攻撃を受け行方不明となったが、海兵隊の作戦で救出されたというストーリーだ。米メディアは英雄的な行動として称賛したのだが、米国に戻った上等兵は「病院に収容され治療を受けていた。英雄でも何でもないのに米軍が英雄扱いをした」と暴露したのだ。

フセイン政権の崩壊の象徴とされたバグダッドのフセイン像も、当初伝えられたイラク人独自の発案でなく、米軍が車両とロープを提供して行わせたものと分かった。

さすがにイラク戦争が泥沼化すると、米メディアもバグダッド郊外の刑務所での虐待行為やキューバにある米海軍収容所で半永久的に拘束されているテロ容疑者の問題を特ダネ

2003年４月、引き倒されるフセイン像（ロイター／アフロ）

も含めて報じ始めた。米国のアラブ系市民に対する差別や違法性の高い盗聴行為、海外に設けた施設での拷問まがいの取り調べなども明るみに出した。

ようやくメディアが本来の権力監視の役割を回復したと言える。特にドナルド・トランプが大統領となり、メディアへの敵対姿勢を強めたことで、メディアはトランプの発言の虚偽性や政策の過ちを精力的に追及している。

しかし、対テロ戦争報道の転換は、欧米でのテロの嵐や中東での「イスラム国」（IS）の跳梁など状況の悪化を受けて過半数の国民がアフガニスタンやイラクでの戦争を「無益な戦争」と回答し背を向けた世論が、大きな要因であろう。トランプとの対決も、トランプがメディアの意義を否定したから、当事者としての反論・反撃である。

日本では米メディアが容赦ない政権追及や調査報道ですばらしい成果を上げているとみられている。だが一九世紀半ばのクリミア戦争以来の戦争報道を描いたフィリップ・ナイトリーの『戦争報道の内幕』は、驚くような事実の歪曲を詳細に分析しており、「軍の応援団であり、ジャーナリズムではない」との見方を紹介している。この本はベトナム戦争までを詳述したものだが、私の印象では現在も米メディアの「米軍の応援団」としての性格は消えていない。米メディアは常に世論を意識し、愛国心に押し流され、国民の支持する政権には忖度する存在である。

米メディアが一九七〇年代のような世論の高い支持を回復する見通しはない。米メディアには政治家のスキャンダル報道に異常に執着し、また愛国心に染まり戦争のお先棒を担いでしまう欠陥がある。そんな米メディア報道に頼る日本のアメリカ理解、そして世界理解は歪んだものになっている恐れが大いにあるのだ。

第 4 章

世界の思想戦とメディア

2022年4月、演説中のウラジミール・プーチン(写真提供:タス=共同)

メディアを通して世界を理解する際に、避けて通れないのが、各国政府が仕掛けるプロパガンダや思想戦をどう見極めるかである。ニュースをでっち上げたり発生した事実を自国政府に有利な方向にねじまげて説明するなど、国家は国際世論を操作し国益を実現するためにさまざまな手法をとってきた。

かつては国際的に影響力を持つメディアやオピニオンリーダーを動員する必要があったが、インターネット時代には国家であろうと個人であろうと簡単にメディアをつくれ、その結果プロパガンダは容易になり、また思想戦の攻防は激しくなった。

そもそもメディアは国民、国家に寄り添うものだ。自由主義諸国のメディアは民間企業である場合が多いから、国民が読み視聴してくれるニュースを作らざるを得ない。誰も関心を持たないニュースを放映していてはビジネスとして成り立たないからだ。外交や戦争など国際関連のニュースとなれば、国民の思いに沿った内容、国益を反映し、国を応援する民族主義的、あるいは愛国的報道になりがちだ。世界でもっとも報道の自由が確立しているはずの米国のメディアが戦時にはそうした傾向に拍車をかけるのは前章で指摘した通りだ。

ましてや権威主義国家は、そもそもメディアとは国家や政府の宣伝機関だと位置づけて報道内容に介入するから、国家や独裁者個人の意向に反するニュースなどはほとんど不可能である。この特性から、メディアは国家のプロパガンダ、思想戦に当事者として貢献する性格を帯びているのだ。

1　もう一つの声

†英米メディアの影響力

国際報道では国家間の対立、紛争、戦争をめぐる報道が大半を占める。そしてどの国の指導者も自国の主張の正当性を世界に向けて訴える。そのときに使うのがメディアである。国内の世論の後押しを確保して政権基盤を固めるためには国内メディアを使い、国際世論を味方につけようという目的では国際社会に影響力を持つメディアを使う。それは往々にして英米メディアが多い。

英語での発信であれば世界で広く読まれるし、英米両国は言論の自由が確立され政府批判も容赦ないとみられているから、報道内容は信頼されている。このため、本書で指摘した通り英米メディアの報道とその解釈がそのまま国際世論となる可能性が高い。英米両国が国際社会で影響力を持っているのは、英米メディアを擁しているからでもある。結局英米政府、特に米政府が国際世論戦でも勝利する確率が高くなる。情報戦、そして思想戦で勝つ道具を米国は備えている。

その一例が前章で取り上げたイラク戦争だ。米国が始めたこの戦争は、イラクのフセイン政権が国際テロ組織との明確なつながりもなく、大量破壊兵器保有の具体的な証拠もないまま、これらを大義名分として始まった。横暴な戦争である。米国は激しい国際批判にさらされて開戦断念に追い込まれるかとも予想されたが、そうならなかった。

フランスやドイツ、ロシア、中国など主要国で明確に反対した国はあったし反戦デモも世界各地で盛り上がった。しかし、英国やオーストラリアは米国の戦争に参戦し、韓国も派兵した。日本もイラクとテロ組織の結びつきや大量破壊兵器保有に関する情報を自ら判断することなく、戦争を支持した。

そこには9・11テロの衝撃で対テロ戦争に乗り出し「敵か味方か」と世界に踏み絵を迫った超大国に反論することで外交関係を損ないたくないという保身もあったろう。クウェートに侵攻し併合を宣言したり、イスラエルに弾道ミサイルを撃ちこんだり、国内の少数派を弾圧したりする乱暴なフセイン政権だけに、テロ組織とのかかわりや核兵器製造計画を持っているのだろうと推測したのも確かである。

同時に『ニューヨーク・タイムズ』や『ワシントン・ポスト』などがこれらのイラクの「容疑」を米政府のリークに沿ってもっともらしく記事にしたことで、世界が米国の主張を信用したのも一因となっている。

†アルジャジーラの戦い

私自身なぜ戦争への疑問が当時、心中に燃え盛らなかったかと言えば、質の高い米メディアが報じているからという思いが正直あった。米メディアに対する尊敬の念が強すぎた。ベトナム戦争こそメディアが米政府に背を向けたが、湾岸戦争、旧ユーゴスラビア紛争、9・11テロと、米国はメディア戦、さらに言えば思想戦で勝ってきた。

だが、イラク戦争から、米国が米メディアを通じて世界の世論戦を掌握する力に陰りが見えだした。米国のものではない「もう一つの声」が世界に届きだしたのだ。

米メディアによる国際世論の独占に風穴を開けたのは、中東の二四時間テレビ局「アルジャジーラ」だ。一九九六年にカタール政府の支援を受けて創設されたアルジャジーラは当初から「もう一つの意見」をモットーに掲げて、欧米主導のニュース解釈に対するオルタナティブな声の発信を使命とした。「西側の視点による外国通信社のニュースでなく、多くの異なった主張や意見を伝える」と設立の趣旨を述べている。

小国カタールがなぜアルジャジーラをつくったのかと言えば、中東にはないユニークなメディアで注目を浴びたかったからだ。天然ガスの世界的産出国でありながら、カタールは大国であるサウジアラビアとイランに挟まれ、理不尽な圧力をかけられてきた。アルジャジーラはムスリム同胞団らイスラム原理主義組織の動きを手厚く報道するなど、アラブ大衆に訴える姿勢をとっており、自由なメディアを通して地域のパワーバランスを変えていく意図もあったのだろう。

欧米など先進国発のニュースがあふれ途上国の見解が伝えられていないという「情報の南北問題」は一九七〇年代以来解決が唱えられてきたが、アルジャジーラはその解を出そうと登場した。ちょうど9・11テロやアフガニスタン戦争、イラク戦争、中東や欧州で続発したテロ、アラブの春、「イスラム国」の出現と、中東イスラム世界で世界的なニュースが続き、欧米メディアの報道では飽き足らない人々が中東にも世界にも急増していた。

アルジャジーラは9・11の首謀者であるオサマ・ビンラディンの声明を全文伝え、アフガニスタン戦争、イラク戦争を現地から放映し、米軍の爆撃で病院や結婚式場にいたところを殺害された市民の犠牲を伝えた。米国は精密兵器でテロリストや軍事施設だけを攻撃し、一般市民は犠牲になっていないと説明していたが、その説明は現地報道から崩れた。

アルジャジーラ自体もアフガニスタン戦争ではカブール支局、イラク戦争ではバグダッド支局が米軍の攻撃を受け、記者を失った。アルジャジーラは事前に支局の場所を米軍に伝えていたという。攻撃を受けてでも現地から報道しているのだから迫力がある。

また、反フセイン暴動の発生や米軍による人質救出作戦の成功など米軍に有利になる情報のいくつかが、現場からのアルジャジーラの報道でその真実性に疑問符がついた。イラク戦争における米軍の汚点となったアブグレイブ刑務所での虐待も記者の目撃情報を基に詳細に伝えた。

†きれいな戦争はない

戦争報道のあり方にもアルジャジーラは挑戦した。アフガニスタン戦争やイラク戦争では米メディアは士気にかかわるとの米軍の意向を受けて米兵の捕虜や遺体の写真・映像を流さなかった。だが、アルジャジーラはきれいな戦争などありえないし、イラク兵捕虜の映像は放映されているのに米兵捕虜の姿は駄目だという二重基準は受け入れられないと反発して流した。

米政府はオサマ・ビンラディンの声明放映に当たっては、次のテロを促しているとして停止を求めたが、これもアルジャジーラは「報道の自由を損なう」として反発した。アルジャジーラは「テロリストの代弁者」との批判も受けたが、パウエル国務長官やラムズフエルド国防長官、ライス国家安全保障問題担当大統領補佐官ら米政府高官もアルジャジーラに出演しており、アルジャジーラは「米国側のインタビューも十分行っており、バランスがとれている」と説明した。

私の記憶では米軍の中東での軍事作戦についての報道の情報源は、米軍司令官や米政府である場合がほとんどだった。相手の国、たとえばイラクは記者に十分納得できる説明をせずに、政治指導者が演説で一方的な主張を繰り返すだけで、まじめに取り上げる意義を見いだせなかった。だが、アフガニスタン戦争とイラク戦争では、米軍の発表を否定する、しかも信頼に足る情報をアルジャジーラが伝え、米国の世界に向けた広報は失速した。

ブッシュ政権は米国がイスラム教徒全体に戦いを挑んでいるというイメージを否定するために、広告業界の大物シャーロット・ビアーズを国務省のパブリック・ディプロマシー（広報文化外交）担当次官に起用し、アラビア語のテレビ局、ラジオ局を複数設立して巻き返しに乗り出した。ブッシュの看板政策であった中東民主化構想の宣伝責任者である。しかし、「コーラを売るようにアメリカの政策を売るのか」との批判が政府内にも高まり、ビアーズは成果を挙げずに早々と退任、後任にはブッシュがテキサス州知事時代から広報をまかせていた腹心のカレン・ヒューズが就いた。

この頃ワシントンでヒューズから話を聞いたことがある。中東で米国の戦争を売るのは難しいのではないかと指摘すると、「米国の民主主義のすばらしさを臆することなく伝えれば、納得してもらえるはずだ」と自信を込めて語った。

ヒューズはブッシュの選挙キャンペーンを指揮したことで名を挙げた。あたかも米国の有権者を説得するのと同じように中東で米国の戦争を宣伝できると考えているようだった。だが、大義ない戦争で誤爆を続け市民を殺傷する米国を中東の人々が受け入れると考えるのは甘い。そのギャップがなぜ米国人には分からないのだろうかと不思議に思った。

†失敗した広報戦略

サウジアラビアを訪れたヒューズがサウジ女性と交わしたやり取りが話題になった。ヒューズが「いつの日かサウジの女性たちが、社会活動に完全に参加できるよう期待する」と語った。それを聞いたサウジの女性は「アラブの女性は一般に幸せだと思われていないようですけど、われわれはみな幸せですよ」と反論したのだ。ヒューズは車を運転できないなどサウジ社会の女性差別を指摘したのだろうが、上から目線の説教臭さを感じたサウジ女性はカチンときたのだろう。

ヒューズも存在感を発揮できず、アラブ世界向けの米政府の広報誌を廃刊するなど、尻すぼみの中東民主化構想を象徴することになった。

米国の広報がうまくいかなかった一方で、アルジャジーラは中東を中心に視聴者を増やした。二〇二〇年三月のアルジャジーラの発表では、アラビア語や英語、中国語などで配信されているデジタルプラットフォームの閲覧者は三カ月で世界中で一四億人に達するという。また、別の統計では都市住民や若者に視聴者が多いことも分かっている。

アルジャジーラはカタール政府の支援を受けているが、カタールの国益に沿ったプロパガンダ機関とはみなされていない。ＩＳの残虐な統治を非難し、斬首シーンなどは放映を控えるなど報道機関としての抑制も効いている。

米国や欧州の立場もバランスを考えて伝えている。また、米国だけでなく、サウジアラビアなど中東の王制国家、エジプトなど軍事体制国家への批判も鋭い。サウジアラビアやエジプトは二〇一七年にカタールがテロ組織を支援しているとして断交したが、そのときにカタールに突きつけた要求の一つがアルジャジーラの閉鎖だった。カタールはこれを拒否したが、中東の保守的な権力から忌み嫌われるアルジャジーラの報道姿勢は、中東全体を覆う閉塞感に苦しむ人々の人気を得た。

何よりも米軍に攻撃される側であるアラブ世界やイスラム教徒の視点を、初めてインパクトをもって国際社会に伝えた。この結果、これまで米国と米メディアが圧倒的に握っていた、戦争に対する世論形成の力を削いだ意義は大きい。

この頃の米国の焦りを象徴するのが国務長官だったヒラリー・クリントンの二〇一一年三月の議会証言だ。「米国は今情報戦争の中にいるが、敗北しつつある。勝っているのはアルジャジーラだ。そしてロシアも中国も英語放送を立ち上げており、われわれは縮小している」と危機感を語った。

†報道が偏る中東

中東理解を困難にする一つの原因は、報道の偏りにあった。現地の報道機関は国営メディアばかりで独裁的な首脳を賛美する。一方米国を中心とする欧米メディアは西側の視点で中東を分析する。つまり自由民主主義の観点から、専制的な政治やイスラム教が市民生活を律する文化を批判し、政治経済の遅れの理由をそこに求める。中東の真実はそれらの中間にあるのだが、それがこれまで伝わらなかった。それをすくう声がなかった。アルジャジーラはその役割を初めて担ったと言える。

またそれまでの国営メディアが国家単位で活動し中東イスラム世界を分断して報道していたのに対して、アルジャジーラは汎アラブメディア、汎中東メディアとしてその垣根を取っ払った。二〇一〇年末にアラブ世界で民主化運動「アラブの春」が始まったが、国家の枠を超えた同時発生の民主化要求は、中東世界で広く視聴されていたアルジャジーラの報道で他国の運動を知った人々が刺激を受けて立ち上がった成果であろう。アラブの春では各地の政権によって支局閉鎖、記者拘束、取材制限を受ける中で、SNSに注目し訓練された市民ジャーナリストを活用して報道を継続する工夫も見せた。

アルジャジーラの報道主幹だったワダー・ハンファルは二〇一三年に来日した際のインタビューで、その役割について「人々はこれまで疑いもしなかった公式発表の出来事について考え、分析し、判断できるようになった。アラブ世界の覚醒を促し、それが「アラブの春」につながったといえる」と述べている。

また、「外国メディア、西側メディアには表面的な報道が目立つ」と指摘し、その理由として「速報と簡略化」を挙げている。国際的な変革の動きを「一分半ではまとめられない」というハンファルの言葉には私も同意する。

中東ではほかにアルアラビーヤ（アラブ首長国連邦）、アブダビ・テレビ（同）、LBC（レバノン）など汎アラブテレビ局がこの頃相次いで放送を開始した。

アルジャジーラは二〇一八年一〇月に起きたジャーナリストのジャマル・カショギの殺害事件でも、真相究明をめざす総力戦の報道を行い、サウジアラビアのムハンマド皇太子の関与を徹底的に追及した。

それに対してサウジアラビア資本が入っているアルアラビーヤは、「情報機関が勝手に行った」とのサウジ政府の立場を追随している。アルアラビーヤの親会社のMBCは最近本社をドバイからサウジの首都リヤドに移し、アラブ体制側のメディア締めつけも進んでいる。

アルジャジーラがどこまでそうした体制の圧力に屈せず自由な報道を続けられるかは、中東の将来を占う試金石と言えよう。

†ウクライナを特別視しない

アルジャジーラは、ウクライナ戦争でもウクライナ人難民が欧州各国で手厚い保護を受けているのに対して、シリア人ら中東系の難民は同じ国々でも入国を認められず、冷遇されていると中東独自の視点で報じている。

こうした見方はアルジャジーラだけでなく中東のメディアに共通している。世界ではたくさんの紛争や人道危機が起きているのに、ウクライナ戦争は特別視されているとの指摘は、欧州など「北」の人々には耳が痛い。実際中東のメディアは欧米や日本のメディアより、ロシアの行動や主張を詳しく報じており、相対的にロシア寄りの印象を与える。

二〇二二年三月には米国務長官だったマデレーン・オルブライトが死去したが、欧米メディアがその業績をたたえる一方で、アルジャジーラは彼女が指揮した一九九〇年代の対イラク経済制裁によってたくさんのイラクの子供たちが適切な医療を受けられずに死亡した、とその責任を追及している。

アルジャジーラは「報道の自由」を掲げるメディアであるから、自由や民主主義を否定しているのではない。彼らの主張を聞いてみると、自由や人権、民主主義を旗印にしながら、米国は中東で戦争を始め誤爆などで人々の生活を破壊した、またパレスチナ人を弾圧するイスラエルの政策を容認している、さらに米国内でもイスラム教徒や黒人差別が根づいているなどの理由から、米国の言う「自由や人権、民主主義」には二重基準があり、「偽善」だと主張しているのだ。

後述するロシアや中国の国際社会向けメディアが国家の宣伝色が強く受け手をしらけさせるのに対して、アルジャジーラにはより広くアピールし、米国内にもファンを持つ力があるようだ。

2 プーチンの世界

†歪んだ歴史観

2015年６月、通信社代表との会合で発言するプーチン大統領（右）、一人おいて筆者（筆者提供）

二〇二二年二月に始まったウクライナ戦争は、米ソ冷戦が終わり、世界は平和になったという世界観を吹き飛ばす出来事となった。

主役はもちろんウラジミール・プーチン大統領だが、プーチンはウクライナ侵攻の前に興味深い論文を発表している。二〇二一年七月一二日の「ロシア人とウクライナ人の歴史的一体性について」である。歴史をさかのぼってロシア人とウクライナ人が宗教、民族、文化面でいかに根源を同じにしているかを縷々《るる》説明し、ソ連時代に人為的に作られたウクライナは正当な国家ではないと位置づけている。

プーチンは欧州では米国の後押しを受けて反ロシアプロジェクトが進んでおり、「われわれの歴史的な領土やわれわれに近しい人々が反ロシアプロジェクトに使われることを絶対に許さない」と結んでいる。独立国家として国連に加盟し、ＥＵやＮＡＴＯにも加盟しようとしているウクライナやそれを推す米国からすれば、にわかに信じがたい主張である。

しかし、プーチンは二〇〇八年にウクライナのNATO加盟問題が論議されていた頃、ジョージ・ブッシュ（息子）大統領に「ウクライナは国家でない」と語っており、ウクライナをロシアの付属物とする考え方は一貫している。

プーチンはこの論文を発表した七カ月後に、ウクライナの「非ナチ化」を要求してウクライナ戦争を始めた。この「非ナチ化」という言葉は若干説明がいる。プーチンはロシアに反対する勢力をナチと呼んでおり、「非ナチ化」とはロシアの言うことを聞かないウォロディミル・ゼレンスキー大統領の首をすげかえて親ロ派の大統領を就任させることを意味する。ゼレンスキーはユダヤ系だから、ナチと呼ぶのはそもそもおかしいのだが、プーチンからすれば自分の言うことを聞かない者は「ナチ」である。

民主的な選挙で選ばれた大統領を他国がすげ替えるというのはひどい話だ。侵攻を正当化するためにウクライナでのロシア系住民の迫害をジェノサイド（虐殺）と呼び、ウクライナでは米国の支援で生物・化学兵器が製造されていると述べ、そして核兵器使用の脅しもかけている。虚偽発言、被害妄想の連続である。

†地政学的破局

誰もがプーチンの頭の中はどうなっているのだろうかと思う。そこには「もう一つの物語」と呼ぶべき世界観があるのだ。

プーチンはソ連の崩壊を「二〇世紀の地政学上の最大の破局」と呼んでいる。なぜかと言えば、ソ連崩壊で米ソ二超大国による安定した世界秩序が崩れ、各地で地域紛争や民族紛争が多発し不安定になった。何よりも東欧や旧ソ連の国々がNATO、EUに加盟し、ロシアは安全保障上も経済上も大きな打撃を受けている。とうとうロシアと「一体」のウクライナまで西側に入ろうとしている。これはロシアからすれば破局そのものだ。

日本も含めて西側陣営から見れば、ソ連崩壊で核戦争の危機が遠ざかり、世界の国々は民主主義と市場経済を享受できるようになった。実際にかつて東側の国々は次々とロシアのくびきを離れて西側に接近し、今ウクライナの人々もそれを希望している。政敵の毒殺を図る独裁体制、政商が牛耳りエネルギー以外に力のない経済、沈滞するロシア社会を見れば、いまさらロシアと一緒になろうとは思わない。五輪のたびに繰り返されるロシア選手のドーピング問題からは、この国は背骨が壊れていると判断するしかない。

だがプーチンは破局を巻き返そうと必死だ。ウクライナに強固な民主主義政権ができ、EU、NATOに入り繁栄と平和を享受するようになれば、それを見たロシア国民が民主化を求めて、自らの政権が倒され自分の命も危なくなる。ルーマニアで一九八九年に政権を追われ即座に処刑されたニコラエ・チャウシェスクの例がある。必死にならざるを得ないのだ。

ロシアは栄光ある一つの文明であるとみる民族主義者プーチンは、冷戦終結後に世界標準となった西側の思想、さらにはその偽善への拒否反応を常に見せてきた。

たとえば二〇一四年三月のクリミア併合の際の演説では、クリミアは国際法的には欧米の軍事支援によって二〇〇八年に独立したコソボと同じ経緯をたどっており、ロシアがクリミア住民のためにとった手段を欧米が非難するのは偽善だと主張した。ウクライナ戦争でロシアはキーウ（キエフ）などのテレビ塔を爆撃して破壊したが、コソボ支援のためにNATOがセルビアの空爆に踏み切った最初の攻撃目標は首都ベオグラードのテレビ塔だった。親ロシアのセルビアのNATOの空爆を当時ロシアは苦々しく思っていたが、ウクライナの作戦はその意趣返しと言える。

またウクライナ戦争とイラク戦争とは国際法的な正当性という観点からは何の違いもない、という認識もプーチン派からはよく聞かれる。確かにイラク戦争は大義とされた大量破壊兵器も見つからず国際法上疑義があった。

しかし、サダム・フセインの独裁政権を倒し自由民主主義を樹立する目的もあったイラク戦争に比べて、民主主義政権を倒しロシアの独裁政権の支配下に置こうというウクライナ戦争ははるかに悪質だ。だが、プーチンは民主主義が独裁よりも良いとは考えないから、その違いには意味がない。

誰もが自由で豊かで平和な西側世界に入ろうとしているという冷戦後の観念をプーチンは正面から否定する。ロシアを頂点とする東スラブ民族の優越を唱え、自由民主主義陣営に怒りをたぎらせるその思想について、プーチンと腹を割って話せたアンゲラ・メルケル前ドイツ首相は「彼はわれわれと別の世界に生きている」と語った。ウクライナ戦争を見ると、まさにそう思わざるを得ない。

プーチンは欧米に対抗する手立てを持つ。核兵器であり、豊富なエネルギー資源である。ロシア文化の求心力を高め、旧ソ連領域、特にロシア、ベラルーシ、そしてウクライナの歴史、人のつながりを基に一体化を進める手法をとる。経済面では「ユーラシア経済同盟」、安全保障面では「集団安全保障条約機構」が具体的なツールである。だが、劣勢は否めない。

そのプーチンがすがるのが米国などの世論に介入し民心を混乱させ各国の意思決定、思想を変える「アクティブ・メジャーズ」（積極工作）である。

†二一世紀の積極工作

積極工作は「敵対国に自国に有利な政策をとらせたり、その社会秩序に混乱を引き起こし力を削ぐ情報活動」と定義づけられる。具体的には米国や西欧の政治制度への市民の信頼を失わせて、相対的にロシアの影響力を強化する狙いを持つ。象徴的な例として、二〇一六年米大統領選挙にさまざまな方法で介入し、ロシアに厳格な姿勢をとるヒラリー・クリントンの落選、そしてプーチンを礼賛していたドナルド・トランプの当選を画策したことが挙げられる。

積極工作は帝政ロシア時代から盛んだった。有名なのは一九〇三年にロシアの新聞で報じられたとされる「シオン賢者の議定書」である。ユダヤ人が世界を支配しているという陰謀論だが、ヒトラーや世界の反ユダヤ主義者の賛同を得た。当時ロシアで高まっていた帝政への不満をユダヤ人に責任転嫁する狙いだったとされている。

シオン賢者の議定書はロシアで広く流布され、ソ連時代になってもそれは続いた。トランプ時代の米国では、確認された事実ではなく自らが信じたい「事実」を意味する「オルタナティブ・ファクト」という表現が一般的となったが、そのロシア版である。

ソ連時代には日本も含めて親ソ派の政治家および政党への資金供与や選挙での応援といった積極工作は当たり前だった。フランクリン・ルーズベルト米大統領らの側近を親ソ派に転向させる工作も行い、ジミー・カーター、ロナルド・レーガン、マーガレット・サッチャーら対ソ強硬派の政治家の落選を狙って対抗する候補や党を応援する活動を行ったし、国家保安委員会（KGB）は「エイズウイルスは米国防総省が開発した秘密兵器である」といったフェイクニュースも拡散させた。

当時は支持者やスパイ、盗聴、侵入などに頼り効果は限定されていたが、今は違う。インターネットを駆使すれば可能性は無限である。かつては敵国の世論を動かすにはオピニオンリーダーを籠絡してソ連の意図に沿った記事を書かせなければならないが、それは簡単ではなかった。だが、今は誰でもどこからでもアクセスできるインターネット空間を使ってはるかに効率的な工作が可能だ。

†ヒラリーを追い落とす

敵対国を混乱させ自国の影響力を高める積極工作には現在、二つ方法がある。一つはハッキングだ。米情報機関はロシア軍参謀本部情報総局（GRU）が一六年大統領選で民主党全国委員会からメールを多数盗み出し、クリントンに打撃となるものを公開したと認定している。この選挙では全米五〇州の中で三九州の投票システムにロシアのハッカーが侵入した形跡があり、そのうち一二州以上で有権者登録結果が変更された可能性もあるという。

投票システムをハッキングし選挙結果を変えるという直接的な選挙介入はあまりに露骨

だし違法行為だ。ただ、米国の有権者が抱く選挙システムや民主主義政治への信頼を損なわせ、米国内の分断を深めるという狙いを持つ。

もう一つの方法であるフェイクニュースやニュースの解釈を微妙に変えて有権者の思考をロシアに有利なものにしていく手法はより巧妙だ。これも有名なのは、二〇一六年米大統領選でのロシアの活動だ。

この選挙ではローマ教皇がトランプ支持を表明した、オバマがイスラム国の設立者であるといったフェイクニュースが拡散した。心理学の分析では正しいニュースよりもフェイクニュースのほうがより速くより広範囲に拡散するというから、たちが悪い。

この中でいちばん話題となったのは、ヒラリーが児童売買組織の黒幕であるというフェイクニュースだ。米南部に住む二人の娘を持つ男がそのニュースに驚き、「こんな退廃した世界で子供たちを育てられない」と児童売買組織があるとされたワシントン郊外のピザ店を訪れ発砲するという現実の事件も起きた。

このフェイクニュースは民主党全国委員会やヒラリー陣営幹部の流出したメールから生まれた。その中にピザ店所有者が陣営幹部と連絡をとったものが含まれ、「チーズピザ」という言葉が児童売春を指す隠語であったことから、これを見つけた人々がこのピザレストランがヒラリーの児童売春組織の巣窟だとのストーリーを作り上げたものだ。

だからこのフェイクニュースの作成自体にはロシアは関与していない。だが、ほかの面ではロシアの関与は濃厚だ。このニュースは、ロシアの政府系国際メディアが米国内で積極的に報道した。また、ロシアのトロール（ネット荒らし）企業がボット（自動投稿・配信プログラム）を使って広めたことも確認された。

当時米国ではウェブメディアの「ブライトバート・ニューズ」、「インフォウォーズ」、そしてテレビのFOXがトランプ派のメディアとして影響力を持ったが、こうしたメディアがヒラリーに打撃を与える報道を盛んに行っていた。これらのメディアと歩調を合わせて米国でも放映されているロシア系メディアが一緒になってヒラリー叩きに乗り出したのだ。

もちろんロシア政府はメールの盗み出しからフェイクニュースの拡散までその関与を否定している。

†愛国ハッカー

ただ、私には思い当たることがある。

二〇一七年六月、サンクトペテルブルクで開かれた世界の通信社代表との会合でプーチンが残した言葉だ。ロシアは一六年米大統領選に関与したのかと聞くと、「くだらないでっち上げ」と否定した。だがその後で、プーチンは「愛国的ロシア人ハッカーがある朝目覚めて、ロシアを悪く言う人に怒り、戦いを挑むことで彼らなりの貢献をしようとするのだ」と語ったのだ。

その意味は、政府が政策として米国の大統領選に介入したことはない、だが、民間人の自発的行動までは止められないということだろう。ロシアの対外介入策をハイブリッド作戦と呼ぶ。正規軍、民間軍事企業、地元の親ロ派勢力に加えて個人によるハッキング、情報戦などを連携させた作戦のことだが、まさにそれをプーチンは示唆したのだ。

プーチンはよく「欧州で洪水が起きたらロシアのせいだと言われる」と笑いながら語る。洪水は自然現象でロシアは何の関係もないのだが、ロシアはいつも「悪者」扱いされると言うのだ。こう言うときのプーチンは迷惑そうな顔をするが、一方でロシアの不気味さが認識されるのを喜んでいるようにも見える。ハイブリッド作戦は不気味さの最たるものだ。

ウクライナ戦争の直前も、欧米の情報機関はウクライナ政権を打倒するクーデターをロシアが計画したことや、ウクライナ軍がロシア系住民を攻撃したとの虚偽映像を作成しつつあるとの情報をつかみ公開した。プーチンとしては、クーデターによるゼレンスキー政権の交代がベストシナリオだったろうし、ウクライナ側の挑発を理由とした電撃侵攻というたセカンドベストのシナリオも描いていたに違いない。だが、欧米の情報機関の暴露でそれができなくなり、全面侵攻という最悪のシナリオとなった。

プーチンの頭の中にあるロシア民族主義の誇りを取り戻そうという意志は米国への挑戦をも意味する。それは米国の横暴な対外政策に対する反感が世界に相当なレベルで存在していることを前提にしている。

†「もっと聞こう」

プーチンが二〇〇五年につくったロシアの対外発信専門のテレビ「RT」は飛躍的に視聴者を増やしている。フランスの世論調査企業IPSOSによると、RTの世界での視聴者は二〇一五年の七〇〇〇万人から一七年には三割増の九五〇〇万人に増えており、米国でも八〇〇万人から一一〇〇万人となったという。英語、スペイン語、フランス語、ドイツ語、アラビア語でも放送されている。

「ロシアと言えば、共産主義、雪、そして貧困のイメージしか世界は持っていなかった。それを変えたかった」と創設時の会長は素朴な希望を語っている。だが、そのモットー「もっと聞こう」は、支配的な欧米メディアが描く世界観や価値観への挑戦の意図が込められている。アルジャジーラの「もう一つの声」に通じるものだ。

たとえばRTは米大統領のバラク・オバマとイラン大統領のマフムード・アハマディネ

ジャドの写真を並べて「どちらが核の脅威なのか」と問いかけている。欧米の世界観ではイスラエルの抹消を叫んでいたアハマディネジャドとなるのだが、本当のところは世界一の核大国は米国なのだ、という点を伝える狙いを込めている。

この「米国こそ核戦争の脅威の源」という主張は、一九八〇年代に米ソの核軍拡競争がエスカレートし、西欧諸国で反核運動が盛り上がった際に、西欧の運動家に資金を援助してソ連の核よりも米国の核を標的にした運動を促したのに通じる手口である。ロシアも核大国なのだが、その点は触れていない手前勝手でもある。

プーチンは二〇一三年にRTの本社を訪れた際に、「世界の情報流通におけるアングロサクソンの独占を打破したかった」と述べている。

プーチンからすれば、ソ連崩壊以来ロシアは世界で馬鹿にされ、九〇年代の旧ユーゴスラビア紛争では米国の広告代理店の情報操作によってロシアとその同胞であるセルビア人が「悪者」に仕立て上げられた、という思いであろう。二〇〇四年にウクライナで起きたオレンジ革命、〇八年のジョージアでの軍事衝突、一四年のクリミア併合など、すべてロシアの「悪行」を欧米メディアが報じてきた。

これらの地域のロシア系住民の安全を守り、またロシアの安全保障のために国境周辺に欧米の脅威が及ぶのを避ける当然の行為なのに、なぜここまでロシアは非難されるのか。

そんな思いからロシアの主張を、RTを通じて伝えているのだ。アルジャジーラもそうだが、この「もう一つの声」、あるいは「われわれの声」を国際世論に提供して、「バランスのとれた議論」をしてもらおうという狙いである。

RTはロシアだけでなく世界中の事象で欧米メディアが描く構図とは逆の見方を盛んに伝えた。対テロ戦争では米国の誤爆による犠牲者の声、「アラブの春」では民主化運動で不安定化する地域秩序、米国の経済制裁に苦しむベネズエラやキューバ、イランの主張、米国から退陣を求められているシリア大統領のバッシャール・アサドも何度もインタビューに登場した。

RTは当初は「ロシア・トゥデイ」という名称だったが、二〇〇九年にロシア色を消して国際メディアであると印象づけるためにRTに変更した。プーチンの世界戦略がここにもうかがえる。

†西側の分裂を突く

西側世界の分裂はRTの十八番の報道対象だ。異端の政治家らに焦点が当てられた。二〇一六年米大統領選でのトランプ支援や同じ年の英国民投票でのEU離脱派の応援、そして一七年のフランス大統領選では極右政党「国民戦線」(現・国民連合)党首のマリーヌ・

ルペンへの肩入れである。

米国政治でも孤立主義、保護主義者である上院議員のランド・ポールが常連の出演者だ。自由民主主義、市場経済、積極的な国際関与など西側で主流の考えを信奉する政治家でなく、異端に注目することで不満派の存在を浮き彫りにし、ロシアを非難できるほど欧米の国際関与政策は国民の一致した支持を得ていないのだ、という見方をアピールできる。

実際問題として、欧米社会では人種・民族対立は悪化する一方だし、欧米諸国の間でも米英と独仏、さらに東欧との間で外交や通商問題、そして対ロシア政策でも立場の違いがある。RTなどロシアメディアによる西側の分裂の報道は、まさに痛いところを突いてきている。これもまた、欧米メディアが国際情報を独占した時代が終焉し、その多極化した世界を理解するには新たな方策が必要となっている証左であろう。

ウクライナ戦争に踏み切ったことで、世界でのロシアが唱えてきた「もう一つの声」は勢いを失った。侵攻前にはロシア軍の対ウクライナ国境への集結を米国が刻々と情報戦で暴き、戦争が始まってからは無差別的な攻撃で犠牲になる市民の悲劇、原子力発電所への危険な攻撃をウクライナ政府が動画で世界に伝えた。侵攻する意図はないとのプーチンの虚偽発言や、ロシア系住民の虐殺など根拠のない侵攻の口実は世界で非難を浴びた。

何よりもロシア軍の作戦での失敗の連続、激しい経済制裁で苦しむロシアの市民の生活が世界に伝わり、ロシア民族の偉大さを語ったプーチンの言葉は、実像を伴っていないことが白日の下に示された。

それでもプーチンは国営メディアを使って、戦争がうまくいっていると強弁を続けている。RTは侵攻直後に「プーチンの世論工作を封じる」としてEU域内での放映と配信が禁じられた。ロシアの言説が通じる空間はロシア国内だけとなりしぼんだ。だが、民族の誇りと米国への敗北の屈辱が融合したロシアの思想戦は、ウクライナ戦争後も続くに違いない。

3　米中の制脳戦

次に国際社会の世論戦の本丸である米中対決の実像に迫ってみたい。政治外交、経済通商、軍事、先端技術、サイバー、宇宙とあらゆる面で競争が激化する米中関係だが、世界各国、さらに世界の人々をどれだけ味方につけられるかが、勝負を決する。そのためにどちらが魅力的であるかを決める思想戦、人々の脳を支配する制脳戦は最も重要な舞台だ。

†中国派は増えているか

二〇二一年六月二二日、ジュネーブの国連人権理事会で中国の人権政策をめぐる討議があった。カナダが四四カ国を代表して新疆《しんきょう》ウイグル自治区の人権状況に深刻な懸念を示し、国連の人権高等弁務官の事実調査受け入れなど全容を公開するよう求める声明を発表すると、ベラルーシが六五カ国を代表して人権問題は内政課題であり外国は干渉すべきでない、という中国支持を宣言した。中国外務省によると、さらに二十数カ国が支持を表明し中国側についたのは九〇カ国以上に上ったという。

カナダの声明の共同発表国は米国、英国、フランス、ドイツ、オーストラリア、日本などで中国支持はロシア、サウジアラビア、イラン、北朝鮮、キューバ、ベネズエラ、パキスタンなどが並んだ。自由民主主義国家と権威主義国家がそれぞれグループをつくり対立しているのだ。

一年前の二〇二〇年六月三〇日には、国連人権理事会は香港の民主主義制度弾圧について討議し、英国が二七カ国を代表して中国政府を非難する声明を発表、一方キューバが五三カ国を代表して中国支持を表明した。自由主義陣営も増えたが、中国側が依然多い。

こう見ると、中国の世界世論工作が成功しているように見える。だが、中国についた国々は反米色が強いロシアやイラン、キューバなどと「一帯一路」構想で中国から巨額な投資を受けている中東やアフリカの国々である。これらの権威主義国家は自国内でも人権問題を抱えているから欧米の干渉は拒否したい。中国との共同戦線を張る効用がある。

中国外務省は人権理事会で中国の人権問題が論議されると知って必死に外交攻勢をかけた末での結果である。心からの中国ファンが世界に広がっているとは言えない。

逆に自由主義陣営における反中感情は高まる一方だ。ピュー・リサーチ・センターの国際世論調査（二〇二一年春）によると、中国への反感は北米、西欧、日本、韓国、オーストラリアのすべてで二〇〇二年と比べて増加している。調査対象国は「西側」が多いが、単純に平均すれば中国に対する「反感」は六九パーセント、「好感」が二七パーセントと、反感を持つ人は好感を持つ人の倍以上である。特に、「人々の自由」を軽視していると答えた人は調査対象国の平均で八八パーセントに上った。

もちろん中国は経済的に重要な国だとみなされているが、中国との経済関係強化のほうが米国との関係強化よりも大事だと答えた人が多かったのはシンガポールだけだった。貿易など経済面で中国との交流が活発なドイツ、ギリシャ、イタリア、韓国、そして台湾も米国との経済関係がより重要だ、と答えている。

権威主義国家の世論調査は信頼性に疑義がつくから、世界全体での中国に対する認識がどうなっているかは不明だ。ただ、イランでは最近締結した中国との長期大型協力合意について議会で保守・改革両派から激しい反対の声が上がった。こうした実態を知ると、途上国地域でも実は中国への好感度は高くないのではないかとの推察も可能だ。

人権問題だけでなくアフリカなどの投資国では債務の罠や地元経済を潤さない仕組み、現地文化との摩擦など中国が起こす問題の数々が伝わってくる。人権理事会で中国支持を投じた国々でも国民レベルで中国が好かれているとは言い切れない。

ピュー調査ではバイデンの登場とともに米国の好感度が上昇したことも明らかになった。この傾向は日本の言論NPOが毎年実施している日中共同世論調査でも裏づけられている。日本では米国の好感度が上がり、それに反比例するかたちで中国への反感が拡大した。経済の興隆とともに欧米に挑戦する新星として目覚ましい注目を集めた中国だが、世界の人々の共感を呼ぶという意味ではここに来て頭打ちである。

†シャープパワー

二〇一七年一二月、全米民主主義基金（NED）の研究者らがまとめた報告書「シャープパワー――増大する権威主義国家の影響」が話題となった。「シャープパワー」とは中国やロシアなどの権威主義国家が行う国際世論工作と定義されている。標的となる国の言論空間に侵入し、それらの国の政治社会体制の矛盾をあからさまにし、混乱・分断を生じさせて弱体化させるというものだ。この章で見てきたロシアの積極工作がまさにそれに当たる。

ＮＥＤは世界の民主主義や人権を促進するためにレーガン政権時代の一九八四年にできた非政府機関だが、米議会から予算がついている。そして途上国や権威主義国家で民主化運動を支援している。

私もＮＥＤ主催の「アジアの民主化支援」会議（ソウル、二〇一八年六月）に有識者オブザーバーとして出席したが、アジアの権威主義国家における反体制派組織の結集であり、熱気にあふれていた。民主化運動の弾圧や、逆境の中でも支援の輪が広がっている現状を各国の代表は真剣に語っていた。私を見つけて、「日本はアジアでもっとも民主主義が成功した国。日本の支援を得たい」と頼まれたものだ。

権威主義国家の政府から見れば、この会議に参加した組織は米国の資金を得て政治体制の転換を狙っていると映るのであろう。ＮＥＤは否定しているが、ＣＩＡの別働隊と言われることもある。

ＮＥＤは権威主義国家の世論を民主主義志向にさせる任務を持つ。それだけに権威主義国家による民主主義国内、特にサイバー空間や文化交流の場を使っての巧みな世論工作にも敏感だ。シャープパワー報告書はそんな危機感から生まれたものだ。もちろんロシアとともに中国のシャープパワーに焦点を当てている。

しかしその中国のシャープパワーは失速している。その理由を探ると、権威主義国家のプロパガンダ工作の限界が見えてくる。

孔子学院の失速

NEDのシャープパワー報告書が中国の世論浸透工作の先兵と指摘したのが孔子学院だ。孔子学院は、二〇一九年末の時点で一六二カ国・地域に合計五五〇カ所あるとされている。だが、米国、オーストラリア、英国などでは中国の人権軽視、拡張主義的な軍事力の展開、そして欧米秩序へのあからさまな挑戦に対する反発が強まり、次々と閉鎖を余儀なくされている。

孔子学院は外国人に中国を教える機関として二〇〇四年にソウルに最初に設立された。各国の大学や研究機関が孔子学院と協定を結んで設置し、中国が運営資金を援助し講師を送り込む仕組みだ。これだけ聞くと問題なさそうだが、その内実は中国語教育や文化交流の枠を超えて中国共産党の政治・外交のプロパガンダ工作の性格が強く、中国の共産党独裁体制に対する批判を一切認めないという言論統制は民主主義的な価値とは相容れないと批判されている。また、孔子学院を拠点としたスパイ行為や先端技術の違法入手も指摘されている。

こうした懸念から二〇一〇年頃から米国やカナダで閉鎖を求める声が学術界から出始め、シカゴ大学、ミシガン大学、テキサスA&M大学など著名な大学が次々と孔子学院の閉鎖を決めた。米人権団体のヒューマン・ライツ・ウォッチは「中国政府が学問の自由を損なう活動をしている」として、各大学・研究機関に孔子学院の廃止を提言した。

米政界でも孔子学院が中国共産党の対外宣伝工作の手段となっており、学問や言論の自由を守るために拒否すべきだとの声が強まり、二〇二一年二月にはバイデン政権のCIA長官に指名されたビル・バーンズが議会証言で「アメリカの大学は孔子学院を廃止すべきだ」と述べるまでになった。

†抑圧される学問の自由

孔子学院への風当たりの強さは、欧米の大学で飛躍的に増えている中国人留学生が学生団体をつくり、教授や学生、特に他の中国人留学生の中国批判の言動に抗議する活動を行っていることが背景にある。大学のキャンパスにおけるチベット指導者ダライ・ラマ一四世の支援デモ、台湾独立派の行動、香港の民主派への応援活動を妨害する活動などは、中国大使館からの指示や連携で行われており、孔子学院がそうした自由な言論活動を抑圧する拠点とみなされたのだ。

どの国も政府がコーディネートして自らの文化や主張を世界に広げる活動に力を入れている。米国のアメリカン・センター、英国のブリティッシュ・カウンシル、ドイツのゲーテ・インスティチュート、フランスの日仏会館などがそれだ。日本も各国に広報センターがある。私もそれらの組織をずいぶん利用したのだが、シンポジウムなどでは自由に主催国の政策批判ができた。

ドイツへの取材では、ゲーテ・インスティチュートの人たちとナチス・ドイツの戦争犯罪について議論し現代ドイツの外交政策をずいぶん批判して盛り上がったものだ。東京のアメリカン・センターでのイベントではイラク戦争に反発する発言をしたが、国務省から出向してきた所長も私の主張に頷いていた。

だが、こうした本国政府の政策批判が中国との文化交流では難しい。日本と中国のジャーナリスト交流の場で、中国政府の香港民主派に対する弾圧を指摘すると、これまでのソフトな議論が突然強い口調に変わって「中国人は香港のデモを許さない。彼らは暴力的な反乱者で処罰すべきだ」との答えが返ってくる。それ以上の議論を受けつけない。ジャーナリストでありながら中国共産党の声明と同じ表現なのである。これでは「交流」ではなく、一方的な中国政府による外国人に対する「宣伝」「教育」であり、聞く者はまずその上から目線に不快感を持ち、やがて立腹してしまう。

中国政府や外交官が中国の主張と相容れない言説を強面で攻撃し、訂正、謝罪させる手法が最近目につく。いわゆる戦狼外交である。また米プロバスケットボールNBAのロケッツのゼネラルマネージャー（GM）が香港の民主化要求デモを支援するメッセージを発信したことが問題となり、中国国内での試合の配信が一時停止され、謝罪、退任に追い込まれるなど、国民も巻き込んだ戦狼対応が進んでいる。NBAなど民間ビジネスは中国の巨大市場を失う恐れから屈服せざるを得ないが、こうした事例が報道されれば、中国の異質ぶりに反発は高まる。

†オーストラリアの抵抗

オーストラリアは中国人ビジネスマンの進出、大規模な留学生の派遣、孔子学院の開設、そして政界への資金提供で、自由主義陣営ではもっとも中国の影響力が浸透していた。だが、そのオーストラリアは急速に中国に敵対的な姿勢に変わった。大学での教授や学生による中国批判の発言がことごとく中国人留学生によって抗議され、さらに中国大使館からの警告を受けるようになったことが一因である。

オーストラリア政府は二〇一八年八月には第五世代（５Ｇ）通信網に中国通信機器大手華為技術（ファーウェイ）の参加を禁じる措置に踏み切った。華為技術の製品が機密を盗み出して中国共産党に送る仕組みを内蔵しているという疑惑が払拭されないという理由を挙げた。これはその後の米国や英国、日本などの華為技術締め出しの先駆けとなった。

続いてオーストラリアは二〇二〇年四月に、新型コロナウイルスについて発生源は不明とする中国政府の説明は納得できないとして独立調査を提唱し、それに対して中国はワインや穀物などオーストラリアからの輸入品に高関税をかける報復に出た。それを受けてオーストラリアは公共機関や大学が中国側と結んだ協定について、国益に反するものは破棄するよう通達を出した。そして二〇二一年九月には中国の軍事的拡張に対抗するためにＡＵＫＵＳ（米英豪三カ国の安全保障枠組み）を結成し、原子力潜水艦を導入することを決めた。全面的な敵対関係となったのだ。

米国やオーストラリアのケースから浮かび上がるのは、自らの政策、体制への批判を許さずに力で封じ込めようとする中国の姿勢が逆効果になっている点だ。戦狼外交は衝突を生んでしまい、対外的に影響力を強化するというシャープパワーの目標が達成から遠ざかってしまった。日本や欧米など自由主義社会では、共産党独裁体制には本能的な反発がある。チベット、香港、新疆ウイグル、そして台湾への圧力の実情を知れば、その反発は強くなるし、批判の声が封じられれば反発はさらに強くなる。悪循環である。

米英カナダ、オーストラリアなどの二〇二二年北京冬季五輪の外交ボイコットは、中国の国際イメージが改善するどころか悪化している現実を物語ることになった。

†退屈なCGTN

孔子学院以上に国際世論の抱き込みが期待されたのが中国国際テレビ（CGTN）である。CGTNは国営の中国中央テレビ（CCTV）が二〇一六年に名前を変えたものだ。CCTVは二〇一〇年から北京発の英語ニュースを放映し、二〇一二年にはCCTVアメリカを設立、米国の大手テレビ局と見た目では遜色ない派手なつくりのニュース番組の報道を始めた。米ABCや英BBC、豪ABC出身の記者やキャスターを迎え入れた。

だが、その中国の国際テレビ戦略は壁にぶつかっており、「中国共産党の検閲が入っている」といった内部告発や「ジャーナリズム的な批判がないために退屈」という視聴者からの評価が続いている。一般の視聴者ではなく、北京の指導部を意識した番組づくりが嫌われているのだ。英国では香港の民主化運動の報道が政府の立場ばかり伝え公正さを欠いていることが問題となり、二〇二一年四月にCGTNは共産党の支配下にあるとしていったん放送禁止になった。

米国など自由主義陣営の視聴者は、権力者に対する歯に衣を着せない痛烈な批判や風刺を楽しむ。しかし中国の国営テレビは共産党の統制下にある以上、中国批判はできないし、米国批判もあらかじめ決められた中国政府の枠内の言説にとどまるからパンチがない。米国のテレビのほうがより痛烈にバイデンら米国の権力者の弱みを突く報道をしているのだ。

中国共産党の許す範囲内という「お行儀のよさ」は、ロシアのRTの右であれ左であれ、欧米の偽善を明るみに出すゲリラ的な報道と比べると迫力がない。米国が膨大な核ミサイル戦力を持っているのに、イランの核開発計画を潰そうとする勝手さを歯切れよく指摘するRTは、米国内でも政権の政策に不満を募らせる国民を引きつけ、政権批判派がSNSで拡散してくれる。ロシア政府の宣伝であるのだが、「確かにそうだな」と思わせる巧みさがある。

もちろんアルジャジーラが持つ、イスラム世界の大衆が抱く各国の権威主義体制や米国への反発を現場主義ですくいとる報道に比べれば、はるかに見劣りする。イラク戦争の不当性やパレスチナ人の苦境、アラブ民衆に寄り添うイスラム組織を報道するアルジャジーラは普遍的な支持を集める力を持つ。それに比べて、中国共産党色が強いCGTNには限界がある。

結局は「報道の自由」がないために、CGTNはつまらない、という評価に落ち着く。

中国のシャープパワーの失速は、自由な発信が許されない権威主義国家には人々を引きつける魅力的なメッセージはつくれないという現実を浮き彫りにしたのだ。

†権威主義の弱点

米メディアの混乱を前章で詳述したように、米国の国際世論を支配する力は明らかに衰退している。アルジャジーラやRTなど「もう一つの声」を世界に伝えるメディアが世界の多極化と二一世紀の技術革新の力を借りてその声を発信し、重層的に世界を見る手段が出現した。

だが、CGTNや孔子学院の挫折が示すように、「自由な報道」でなければ、今の国際世論は動かない。RTを擁するロシアは「自由」の装いをすることでいったんは成功したものの、ウクライナ戦争ではプーチンの戦争宣伝に沿った報道が多く、限界を露呈した。人権派と言われてきたRTのマリア・バロノワ編集長は戦争に抗議して辞任しており、RT内ではプーチンへの異論が許されない内実が明らかになった。中国の主張も同様の権威主義や経済支援で従属する国々を除けば、世界に広く受け入れられることはないだろう。

ウクライナ戦争は明らかに、プーチンという独裁者の歪んだ世界観が戦争を引き起こし、政権の誰もがそれを止められないという権威主義の弱点を浮き彫りにした。廃墟となった街や命からがら逃げる避難民の嘆き、ウクライナ大統領ゼレンスキーの鼓舞する演説や軍の士気の高さなど、ウクライナ、そしてその裏にいる米国の自由に立脚した思想は明らかに力を持った。ロシアの国内世論を何とか引きとめようという内向きの宣伝は哀れに見えた。

権威主義の危うさを知った今、中国を見る目も変わってくる。「中国の夢」といったソフトな口調は、力で人々を縛りつける強権のうわべをカムフラージュするごまかしではないのか、といった疑問が強まる一方だ。

思想空間をめぐる戦いは今後も混沌とするに違いない。「報道の自由」を基盤とする欧米メディアが結局は主流の座を維持し続けそうだ。だが欧米メディアの報道では理解できない矛盾や問題が世界にはあふれている。「もう一つの声」にも耳を傾けて自ら判断する力が求められる。

第 5 章

ウクライナ戦争報道

2022年4月、ロシア軍の侵攻により廃墟と化したキーウ近郊の街ボロディアンカ
（The New York Times/Redux/アフロ）

1　なぜ戦争に引きつけられるのか

†異例の国民的関心

二〇二二年二月、国際報道が久しぶりに注目を浴びた。ウクライナ戦争への関心がここのところの国際ニュースとは違ってきわめて高い状態が続いたのだ。ウクライナ戦争への読者・視聴者が見せる関心の高さはなぜなのか。これを分析しなければ、国際報道を優れたものにするための答えは得られない。

二月二四日の開戦以来、テレビのニュース番組は連日トップニュースで戦況や外交の動き、そして市民が死傷し避難民となった悲劇を伝え続けている。

ニュース番組だけでない。普段は芸能ニュースなど比較的やわらかいニュースを取り上げる情報番組も、ウクライナ戦争に多くの時間を割いた。遺体を放映しないことが原則だったテレビは、遺体が入った黒いビニール袋を埋葬する映像や路上に放置された虐殺遺体にぼかしを入れた映像を「無理には視聴なさらないでください」といった趣旨のお断りを入れて放映する異例の対応をとった。

　どれほど大きな意義を持つ首脳会談が行われても、今後の世界を縛る重要な国際条約ができても、人々はこれほどの興味を示さなかった。外交や経済の交渉はもともと地味だし、国際合意も複雑だから当然かもしれない。だが映像が豊富なクーデターや内戦も三日間程度は大きなニュースになるが、やがて消えていく。凄惨なテロが起きても同様である。

　テレビ制作者になぜかと聞くと、視聴者がついてこない、と言う。テレビは分刻みで視聴率調査を行っているから、どのニュースに視聴者が関心を持っているかがたちどころに分かる。よりはっきりしているのは新聞社やテレビ局が運営するニュースサイトやヤフーニュースなどインターネット上のアクセスランキングだ。こうしたランキングで国際ニュースが上位にくることはほとんどなかった。

†五つの理由

　それがウクライナ戦争で変わった。私は東京都内の大学でメディア論を教えているが、学生たちとの最近のニュースについての意見交換では、ウクライナ戦争に関するものが圧倒的に多い。日本人が知らなかった戦争を生々しいビジュアルで徹底して伝えられると、二〇歳前後の若者にはショッキングだ。そしてなぜいまこの世界で戦争が起きるのか、と憤りが湧くし、どうすればこの戦争を止められるのか、そもそも何か戦争を防ぐ手立てがあったのではないか、と学生は真剣に問いかけてくる。

はたしてメディアはそうした問いに答えているだろうか。それこそが今のウクライナ戦争で巻き起こった関心が静まっても国際報道が受け入れられるカギとなるだろう。

ウクライナ戦争が起こした国際報道ブームについて、メディア業界の友人と話してみると、五つの理由があると分かる。第一に迫力ある映像によって戦場を世界に「可視化」した戦争であり、第二にプーチン大統領の狂暴な侵略はなぜなのか、という疑問がある。そして第三にこの戦争は米国とロシアという核大国の事実上の一騎打ち、民主主義陣営と権威主義陣営の世界を二分する戦いで世界史的な意味を持つ。第四はウクライナがどうなるのか、世界はどうなるのか、という先行きが見えないドラマであることだ。そして第五に中東やアフリカでない、平和で繁栄しているはずの北半球、先進地域である欧州の一角で戦争が起き市民が悲劇に突き落とされる暗転への驚きがある。

†映像のリアリティー

まずは映像だ。ウクライナの激戦の場は国際ジャーナリストが戦争開始直後に足を踏み入れるのが難しかった。だが、ウクライナは国民のＩＴリテラシーが高く、政府の戦略もあって、悲惨な現場の様子が撮影され膨大な量の映像が国際メディアに公開された。ウクライナ軍の対戦車ミサイルがロシアの戦車を攻撃する迫力ある映像も、ウクライナ軍がドローンで撮影したものを公開し、それをメディアが使った。

戦争は戦場取材が難しい。このため攻撃の模様の映像や写真は軍当局の提供に頼ることが多い。湾岸戦争やイラク戦争、あるいは旧ユーゴスラビアのNATO軍空爆などがそうだった。だが、これらの過去の戦争は攻める側である米軍の提供がほとんどだった。それらは標的に命中し爆破する精密誘導弾や艦船から発射される巡航ミサイルの映像なのだが、何とも無機質なものでよく言われるコンピューターゲームの感覚である。きっとあんなふうに命中すれば、撃たれたほうはきっと多くの死傷者が出ているだろうな、と推測はできるが、それも推測するだけだ。戦争のリアリティーがない。

しかし、ウクライナ戦争の場合は爆弾やミサイルを撃ち込む側ではなく、撃ち込まれる側の惨劇をとらえた映像だ。ミサイルが撃たれたマンションが無残にもえぐられ、そこにいた住民が殺され家族が泣き悲しむ映像である。あるいは猛烈な量の爆撃を受けて廃墟となった街の地下シェルターで怯えて長期間暮らす住民の様子など、どれもこれも「戦争とはこんなにむごいものか」と誰もが思う。

撃つ側の映像と撃たれる側はこんなにも違う。同じ戦争の映像でも迫力は比べようもない。映画でしか見たことのなかった戦争が、目の前に実像で現れたのだ。こうした映像を見て、戦争に怒りを抱き、被害者に思いを寄せ、また自分たちの平和のありがたさをかみしめない人はいないだろう。

言うなれば、ウクライナ戦争は戦争の記憶がない世界の多くの人々に、初めて戦争を「可視化」したと言えるのだ。攻撃される側の映像と写真がメディアにあふれ民衆の苦悩を伝えたベトナム戦争では、米国への反発が世界を覆った。ウクライナ戦争でもロシアへの反発が世界に広がっている。映像と写真の力である。

中東やアフリカの戦争でも民衆は悲惨な生活を余儀なくされたのだが、「遠い戦争」という思いがどうしてもある。ウクライナの映像を見れば、巨大なロシア軍の攻撃に耐えて抵抗するウクライナの人々を応援したくなる。

ウクライナのゼレンスキー大統領が連日、首都キーウに残ってビデオメッセージを公開し続けた効果も大きかった。英米政府は開戦直後ゼレンスキーに避難ルートを提供したが、ゼレンスキーは「私はここに残る」と言って断ったという。

ロシアがゼレンスキー政権打倒を狙っていることは明らかだだから、キーウに残ればロシア軍に拘束され殺害されるというハラハラした思いを世界に与えた。だが、彼が映像メッセージを発表し続けたことは、ウクライナ政府が機能しロシアの作戦はうまくいっていないことを証明した。コメディアン上がりと言われたが、世界各国の議会でリモート演説を行い、英雄になったのだ。プーチンにはこのパフォーマンスはできない。ゼレンスキーの勇気ある言動にウクライナの味方が増えたのも当然である。

†「悪漢」プーチン

次にこの戦争はプーチンという「悪漢」の存在が圧倒的である。これまでも国際テロ組織アルカイダの指導者オサマ・ビンラディンや、イラク大統領のサダム・フセイン、あるいは過激派組織「イスラム国」（IS）など「悪」はいた。だが、プーチンは核兵器とエネルギー、そして国連安全保障理事会常任理事国として大きな力を持つ大国ロシアの大統領である。テロ組織やわれわれが普段意識しない中東の国のトップではない。安倍晋三首相と会談を重ねた北方領土交渉の相手役であり、柔道家でもある。

その世界の権力者が独立国家であるウクライナに対して「もともとロシアの一部であるのに、西側に接近するのはけしからん」と言って軍事侵攻を始めた。軍事力でまさる大国が隣国をのみこむ帝国主義をわれわれは歴史の教科書で学んだが、それが現実世界で起きたことに驚嘆する。紛争の武力解決を禁じた国連憲章違反であるが、プーチンは気にとめない。しかも市民に対する無差別の攻撃を行い、意図的な殺害など戦争犯罪も行われた。

核兵器使用の脅しもかけている。この無法ぶり、そしてまったく非を認めず、ウクライナがナチ化しているという倒錯した世界観からして「この人の頭の中はどうなっているのか」と思わざるを得ない。

テレビニュースではキーウ郊外ブチャなどでの過激な映像とともにプーチンの思想や過去の言動から侵攻を読み説く「プーチン思想」に焦点を当てたコーナーは、戦況や外交解説より視聴率が上がるという。

この狂暴さを目のあたりにすれば、もっとひどい市民虐殺を平気でするのではないか、ホロコーストを起こしたヒトラーのようなウクライナ民族の抹消を狙っているのではないか、そして核兵器を使うのではないか、という悪夢もぬぐえない。その答えをニュースに求めるのであろう。

†核戦争の危機

三番目にウクライナ戦争は、ロシアと米国という核兵器の二大国がぶつかり合っているというスケールの巨大さがある。9・11テロはニューヨークの世界貿易センタービルが倒壊するという劇的な展開を受け、米国をいきり立たせて戦争が始まった。その相手はテロ組織のアルカイダであり、貧困国アフガニスタンであり、中東の中規模国イラクだった。

だが、ウクライナ戦争の実像はロシアと米国という二大核兵器国のぶつかり合いだ。米国は高性能の兵器やロシア軍部隊の動きなど軍事情報を提供し、ウクライナ兵を訓練し、そして米国防長官や統合参謀本部議長は連日のようにウクライナ側と協議した。実際は米・ウクライナ共同作戦と呼んでもよいほどだ。

戦いがエスカレートする怖さは米国が中東のテロ組織や「ならず者国家」を制圧しにいったこれまでの「遠い戦争」とはわけが違う。東西両陣営が代理戦争としてぶつかった朝鮮戦争やベトナム戦争、あるいは地球滅亡に史上もっとも近づいたと言われる一九六二年のキューバ危機の緊張感がある。第三次世界大戦という表現が使われるのも、あながち的外れではない。

米国対ロシアの戦いは、「自由民主主義陣営」対「権威主義陣営」の戦いという世界を二分する性格も帯びた。米国が中心となり日本と欧州がロシアに科した制裁は、ロシア経済を傷めるだけでなく、日本を含めた世界のエネルギー供給をマヒさせる。ロシアとウクライナは小麦輸出で世界第一位と第五位の国だから、食料価格の高騰、さらに食料不足の混乱も現実のものになった。日本企業も一斉にロシア事業の撤退・縮小を余儀なくされた。この波及効果はこれまでの戦争にはない。

そうした犠牲を覚悟しても米国と共同歩調をとるのは、この戦争でウクライナが敗北すれば権威主義国家がますます勢いを増し、世界は国家の暴力が当たり前となり、日本のように軍事力で劣る民主主義国はのみこまれてしまうという危機感があるからだ。

一方でロシアは同じ権威主義国家であり、米国との対決で歩調を合わせてきた中国を巻き込み反米連携を描いた。これに北朝鮮やシリア、イラン、キューバなど反米国家が加わった。サウジアラビア、UAE、カタール、ベトナム、インドネシア、シンガポールなど親米の側に立つはずの国々も米国に同調していない。また冷戦時代から歴史的につながりがあるインドやブラジル、南アフリカなど新興国も米国と距離を置いた。

こうした世界の構図を見ると「新冷戦」という表現も説得力を持つし、対決の構図は人々の関心を惹きつける。冷戦の終結は自由民主主義陣営の勝利で終わったが、この戦争の帰結しだいでは権威主義の時代が到来するかもしれない。そんな世界史的な重みをこの戦争は感じさせる。

†結末が見えないドラマ

四番目の理由は、終幕が見えないことだ。迫力ある戦場映像もプーチンの歪んだ世界観も、そして米ロの対決も劇的である。だが、ロシアとウクライナ、あるいはロシアと米国のどちらが勝利を収めるのか、その結末が見えないのだ。湾岸戦争もアフガニスタン戦争もイラク戦争も、米国が戦争を始めた段階で戦場では米国が勝利すると予想できた、それもそんなに時間がかからずに。戦力の差があるからだ。だが、ウクライナ戦争は違う。開戦当初はロシア軍が圧倒的な力量でウクライナを蹂躙《じゅうりん》すると予想された。だが、ウクライナ軍の頑強な抵抗、米国などの軍事支援、そしてロシア軍の稚拙な作戦でそうはならなかった。停戦協議も行われてはいるが、双方の隔たりは大きい。ロシアへの経済制裁は効いてくるだろう。ロシア軍兵士や市民の反発が強まり、プーチンが過去の多くの独裁者のように打倒されてこの恐ろしい戦争が終わるといったシナリオが頭に浮かぶ。

しかし、態勢を立て直したロシア軍が最後は地力を発揮してロシアに近いウクライナ東部、南部の制圧に始まり支配地域を広げて勝利を宣言する事態もありうる。やがて米軍が本格参入し、冷戦時代にもなかったような米ロが戦場で一戦を交えるシナリオもありえよう。そして市民は開戦前には想像もしなかった人生の暗転になす術もなく苦しみ続ける。

この戦争にはプーチン、ゼレンスキー、バイデンといった政府の首脳、高官、軍幹部だけでなく、ウクライナの強みである情報戦を助けるためにインターネット環境を提供した「テスラ」CEOのイーロン・マスクやロシア政府へのハッキングを呼びかけた匿名集団「アノニマス」などが加わり、まさにポストモダンの戦争にもなった。米国が積極的に行ったロシア軍の動きを予測し事前に公開する作戦も情報戦として新機軸だった。

この戦争は始まったばかりという印象を与える。まだまだヤマ場がいくつも訪れそうだ。

†「北」で起きた戦争

第五にこの戦争が平和と繁栄を享受する北半球の先進地域欧州の一角で起きていることも日本人にとって身近に感じられる一因であろう。ウクライナの戦禍の市民を見るにつけ、いても立ってもいられない気持ちになる。自分が平和に暮らしているだけで罪悪感を覚えてしまうようなインパクトがこの戦争にはある。

中東やアフリカ、南アフリカでは内戦や戦争が多発している。今世紀だけでもアフガニスタン、イラク、シリア、リビア、イエメン、スーダン、マリ、中央アフリカ、ナイジェリア、エチオピア、エリトリアなどで戦争、内戦が起きている。イスラエルとパレスチナ人やレバノンのシーア派組織ヒズボラとの戦闘も断続的に続いている。

このため、ウクライナ戦争への関心の高さに対して、他の戦争悲劇を軽視しているという批判があるのは当然だ。人命に差はないはずだ。ウクライナは特段日本と深い関係にあるわけでもない。

一方でウクライナが、戦火とは無縁のはずの自由民主主義・市場経済国であり、広い意味で欧州の一部であるという事実は、これまでも戦争が頻発している中東やアフリカ、南アジアとは異なる思いを人々に与える。日本人にとって他人事ではないという受け止め方につながる。中東やアフリカの人々に対してよりも、日本人が生活様式の似ている欧州の人々に親近感を感じるのは現実であろう。

映像が映し出すウクライナの都市の破壊された姿は、砂漠地帯に低層の建物が並ぶ街が攻撃される中東やアフリカの戦争よりも、より身近に感じられる。都市住民が突然戦禍に遭遇する恐怖は切迫性を持っているのだ。ウクライナは二〇一四年のロシアによるクリミア併合以来、東部で戦闘が続いていたがそれは広く一般には知られていなかった。何と言っても首都キーウや第二の都市ハルキウ（ハリコフ）にいきなりミサイルや砲弾が多数撃ち込まれる様子は切迫度が異なる。

戦争はエネルギーや穀物輸出などで日本人の日常生活に影響を与えている。「今日のウクライナは明日の日本」との言説も聞かれる。ウクライナがロシアに軍事侵攻されたように、日本はやがて中国に侵攻される恐れがあるという見立てだ。この単純化には私は同意しないが、今の平和と繁栄がいつ崩れ去ってもおかしくないという不安感を巻き起こす。

†戦争をめぐる論壇の戦い

こうした五つの理由からウクライナ戦争は、それまで国際ニュースに関心が薄かった日本に珍しく世界への窓を開かせたと言える。論壇ではロシアを悪者にするのは一方的であり戦争であるからにはウクライナ側にも非があるはずだという見解も出、それに対してこの戦争は明白な国際規範違反であり「喧嘩両成敗論」は成り立たないとの批判も表明された。国際ニュース、しかも日本や日本人が直接的に被害を被っていない戦争をどう解釈するかでこうした論争が起きるのは、本書の第1章で述べた岡村昭彦や開高健が活写し日本の知識人がのめり込んでいったベトナム戦争を思い出させる。

湾岸戦争や9・11、イラク戦争でも日本では議論が起きたが、それは日本がどう米国の戦争に協力するか、さらに言えば自衛隊の派遣は憲法上適切かという、日本の安全保障をめぐって繰り返されてきた議論の枠内であった。だが、ウクライナ戦争はそうした日本の護憲・改憲の議論の枠組みを超越した、戦争そのものをどう捉えるべきかという議題を与えた。その意味でベトナム戦争と状況は似ているのである。

共同通信が二〇二二年四月一六、一七日に行った世論調査では、「経済や暮らしに影響が広がったとしても経済制裁を続けるべきだ」との回答は七三・七パーセントに達した。「続ける必要はない」は二一・一パーセントである。金融制裁やロシアとの領土交渉の凍結、ロシア外交官の追放など過去にない厳しい懲罰的な対応をした岸田政権の対ロシア政策を「評価する」も六二・六パーセントで「評価しない」の三〇・七パーセントの倍だった。豊かで平和な日常生活に多少犠牲が出ても、ウクライナの人々を支援し、連帯したいとの人道の志がここに現れている。

こうした結果からも、日本人がこれまでの国際ニュースよりも強く関心を示していることがわかる。決して日本人は世界の出来事に関心を失っているわけではない。凶暴な独裁者の驚くべき決断、平和に暮らす市民が他国の軍によって殺害されレイプされる惨状、核戦争の危機など、われわれの想定をはるかに超えた激動を食い入るように見つめているのだ。なぜこんなことが起きるのか、世界はどうなっているのか、今の自分の平和な生活も一転するのか、と思い、答えを渇望している。

†ジャーナリズムの復権

こうしたウクライナ戦争への関心の高まりは日本だけではない。米メディアもこれまでワシントン政界の保守対リベラル、トランプ対反トランプの分断をニュースと報じ、政治評論家がそれぞれの政治的立場でスタジオから解説するテレビ番組を流してきた。

だが、ウクライナ戦争はそうした手垢《てあか》のついたニュース番組の枠を超えた。毎日たくさんの市民が無残に死んでいく戦場という本当のニュース現場で、戦争特派員という本当のジャーナリストが命を懸けて戦闘を取材しているのだ。実際ＦＯＸテレビなど米メディアのスタッフがこの戦争で犠牲になっている。

米メディアがワシントン政界の「政治対立」にのめりこみ、自らもその対立に巻き込まれていた時代が、何とも平和で懐かしく思えてくる。米メディアはトランプ時代から対立の当事者になってしまい評判を落としてきたが、ウクライナ戦争の取材への市民の期待は、国際ジャーナリズムの復権の機会と捉えられている。

2　現場取材の現実

さて問題は、国際報道は日本人が抱く疑問、知の欲求に応えているだろうかということだ。戦争報道は政府や軍への取材や執筆の束縛、記者が抱くイデオロギー上の好き嫌いもあり、とにかく難しい。

私は報道機関が伝えるニュースとは事実の提示、なぜそうした事実が起きたかの解説、そして今後どうなるかの展望の提供という三つの要素があると思う。もちろんその起きたことが世界にとって、あるいは日本にとって良いことかどうかを判断するのも大事だが、それは論説なりオピニオンで見方を伝えるものである。より重要なのは先述した三つの要素の伝達だと思う。

本書で繰り返してきた国際ニュースの現実を幻想や一方的な肩入れなしに、ありきたりの解釈に陥らずに深層についてファクトを基に伝えることがいちばん重要なのだ。読者・視聴者からすれば、それらのファクトを基に善悪を判断する。現場の人々からすれば、ジャーナリストに語り世界に発信してもらうことで、ようやくその悲惨な状況に国際的な関心を集められる。世界の現場では「この悲劇を伝えてくれ」と住民に言われることがある。彼らからすれば、それが唯一の救済策となるのだ。

†力を入れる欧米メディア

そのためには現場に行って見る必要がある。ウクライナの戦場取材は当然危険が伴う。日本政府は開戦の二週間前の二月一一日から危険レベルを最高であるレベル4に引き上げ、退避とともに渡航しないよう日本国民に求めている。シリアで二〇一五年に日本人ジャーナリストの後藤健二さんらが「イスラム国」(IS)に拘束され殺害された後には、シリア入りを計画していた日本人ジャーナリストの旅券を返納させたこともある。そうは言っても、報道機関には取材・報道の責務があるから、政府の意向を知りながらも自ら判断し安全対策をとったうえで、取材に行くことになる。

日本の大手メディアのウクライナ戦争取材は、開戦当初こそ一部の報道機関がキーウに滞在していたが、その後いったんは比較的安定していた西部のリビウを拠点に移していた。リビウも何度かロシア軍のミサイル攻撃に遭っているから戦場であることに間違いないが、キーウやハルキウの現地取材は安全を理由にしばらくは控えた。

この間、ウクライナの各地からは現地メディアや欧米メディアが迫力あるレポートをたくさん送ってきた。英BBCは常に一〇人弱の特派員がウクライナに展開し、この原稿を書いている四月中旬時点でキーウに四人のほか、激戦地のドンバスに二人、ドニプロに一人、リビウに二人が毎日レポートを送り、世界中で視聴されている。米CNNも同様である。『ニューヨーク・タイムズ』も常に「複数の記者」をウクライナに派遣しているとウェブサイトで明らかにしている。欧米のメディアは海外での事件ごとに現地の記者らと契約を結んで特派員、助手とするから、これらの記者のかなりが臨時契約であるが、それでもこの規模の展開は異例の力の入れようである。

†マリウポリルポの迫力

この中でもAP通信がロシア軍に包囲され徹底的に破壊されたマリウポリに滞在し送ってきた二人組のルポ「マリウポリの二〇日間」は猛烈な砲撃と略奪、電気、水、食料の欠乏で子供や女性、高齢者など弱者から死んでいく様子を伝えた。医師らは惨劇を世界に伝えてほしいとAPの二人組に残り少ない電気を提供してくれた。二人がマリウポリを脱出するまで続けたレポートは、まさに戦場ジャーナリストのものとして傑出している。

APのチームが撮ったマリウポリの産婦人科病院への攻撃の映像は世界中で衝撃をもたらした。ロシアはこの病院はウクライナの反ロシア民族主義者が軍事拠点に使っており、写真に映っている一人は妊婦の役をしているブロガーで「フェイクニュースだ」と国連安全保障理事会で主張した。これを受けてAPのチームは別の病院でこの女性が赤ん坊を出産して一緒にいるところを見つけ、ロシアの主張の嘘を暴いた。

三月七日付の『ニューヨーク・タイムズ』の一面トップに掲載された、避難途中にロシア軍の砲撃で死亡した四人の無残な遺体の写真もインパクトがあった。フォトグラファーのリンジー・アダリオは避難民を撮影しにキーウ郊外のイルピンに向かったところ砲撃に遭い、自分も埃だらけになりながら血を流して倒れている四人の市民の写真を撮った。アダリオはそのときの音声も録音していた。それを背景音としてインタビューに応じ、母親として、また人間としての感情を封じてプロのジャーナリストとして「そこにいて冷静に記録に収める」任務を果たすこととの葛藤を語った。

これらの報道は「軍事施設だけを狙っている」とのロシア側の説明を覆し、市民に対する無差別の攻撃があったことを現場から伝えており、「戦争犯罪」を立証するものだ。

ロシア軍だけでなく、ベトナム戦争やアフガン戦争、イラク戦争での米軍、パレスチナを攻撃するイスラエル軍などはみな「軍事施設やテロリストだけを狙っている」と説明する。だが、現場を見た国際ジャーナリストたちは軍事施設ではなく、テロリストがいたとの証言もない、とレポートし、誤爆や市民への無差別攻撃だったという事実を明らかにしている。こうした記者たちの戦争取材をめぐる苦闘は、読者・視聴者に戦争の恐ろしさを生々しく伝える。

戦争となれば当事国の双方が虚偽のニュース、プロパガンダで自国に有利に事を運ぼうとする。その狙いを打ち破るのが、現場で自らの「目」で見て伝えるジャーナリストの役割だ。現場を見れば、どちらの言い分が正しいのかはおおかた分かる。アダリオは砲撃現場に居合わせて報道したことで、ロシアのプロパガンダを破ったことになる。キーウ近郊ブチャでの「虐殺」も記者が現場を訪れて検証し、世界に訴えた。

現場取材の重要性を物語る例は戦争報道の歴史にはいくつもある。

広島に落とされた原爆が単なる爆発の威力だけでなく、放射能汚染によって人体への甚大な被害を出していると伝えたのは、早くから広島に入ったウィルフレッド・バーチェットや広島市民のインタビューをルポ『ヒロシマ』で発表した米ジャーナリストのジョン・ハーシーだった。当時米政府や米軍は放射能をもたらす原爆の非人道性を軽視しようとしていたが、これらの作品はその画策は崩した。

ベトナム戦争の初期には米政府の楽観的な発表とそれを受けたワシントン記者団の戦争擁護の記事に対して、南ベトナム政府の無能ぶりを明らかにし、戦争が負け戦であると報じたのは、ベトナムの戦場に派遣されたメディアの若手記者団だった。

†記者の安全

もっと早くもっと前線に、記者魂を発揮して現場へ行って、という声が上がるのは当然である。だが、戦場取材は記者やカメラマンの命をかけての取材であるから、メディアとして軽々に決断できない。

ベトナム戦争時代は多くの日本人記者やフォトグラファーが戦場で命を落とした。その後もミャンマーやイラク、シリアなどでもフリーのジャーナリストらが犠牲になっている。日本メディアは一九九一年の雲仙・普賢岳の大規模火砕流で報道関係者一六人が死亡してから、戦場など危険地取材を慎重に検討するようになった。

中東でジャーナリストらが拘束され人質となるたびに日本政府が解放のために動き、世論が「自己責任論」を強調するため、そうした政府の意向や世論をまったく無視するのも難しい。

安全対策責任者を本社と取材拠点の双方に置き、撤収の機会を逃さないよう注意するなど安全対策を徹底しなければならないし、記者ら本人が意義を見いだして、家族へ説明することも必要だ。私の同僚にはイラク戦争の取材では東京に残る妻と小さい子供が心配するからと、出張先を「イラク」とは告げずに、カイロなど安全な地域と嘘をついた記者もいた。

ウクライナ入りした記者らは取材活動に関して本社と綿密な調整をし、キーウ入りする場合は安全確保のため、どのルートを通り、どこに宿泊するかなども打ち合わせている。

†戦場取材の訓練

記者の訓練も欠かせない。私も米国勤務時代にワシントンから車で三時間ほどの原野にある民間軍事企業で戦争取材、テロ取材の訓練を受けたことがある。米陸軍や海兵隊のOBから真夏の一日に受けた訓練は厳しいものだった。

その一つはこんな具合だ。中東の街を車で走っていると、突然行く手を遮って車が止まった。すぐに後ろにも別の車が止まりサンドイッチにされた。テロリスト集団に囲まれたようだ。狭い道だから道路わきに隙間がなく走り去れない。かといって車を降りればそのまま拘束される。当時、記者を人質にするのは中東で流行していた。さてどうする。

教官の教えに従って自分の車のアクセルを踏んで勢いをつけて発進させる。前方を遮った車の後部に向かって思いっきりぶつけるのだ。ほとんどの車は前にエンジンを積んでいるから後部は軽い。このため車を何度かぶつけ続ければ、前を遮った車は動いてすこし隙間ができる。そこを縫って急速度で逃げるのだ。

同僚の記者が拘束されているテロリストの拠点を襲撃して救出する訓練も受けた。突撃部隊の人が足りないから記者も参加するという想定だ。ドアを蹴破って中に入ると真っ暗闇だ。その中を動くものに向かって自動小銃を撃つ。人質は縛られて動かないからだ。この突撃訓練の前には自動小銃の射撃訓練を受けた。その他の訓練も実戦さながらである。

化学兵器防護スーツを短時間で身に着ける訓練もあった。私が最初に戦争取材をしたのは一九九〇―九一年の湾岸危機・戦争だが、当時はイラク軍の攻撃があるたびに重い防護スーツに防護マスクを着けて地下のシェルターに汗だくになって階段を駆け下りた。さすがに、三〇年後の今の化学兵器防護スーツは新素材でできていて動きやすく軽いが、化学兵器使用や有害物質が流出する恐れは高まっており、その需要が増している。

こうした訓練に加えて戦地から記事や映像・写真を送るノウハウを身に着けなければならない。一人では危険で行動できないからチームを組む。

ウクライナ戦争を現地入りして伝えるプロの記者たちの報告は、この目で見てこの耳で聞いたのだから間違いないという自信から、ストーリーの記述や表現する言葉の選び方にためらいがなく説得力がある。米英メディアやウクライナメディアを翻訳して紹介していては決して味わえない真実性がそこにあるのだ。

3　ハイブリッド化する戦争報道

ウクライナ戦争はポストモダンの面も持つ戦争だ。

一見すると、ロシアという核大国が軍事力を使って「弱小国」であるウクライナに侵攻したのだから、典型的な地政学戦争である。国家間の対立を解消するはずの国連など国際機関は役割を果たせず、戦争の禁止や民間人の戦時保護を定めたさまざまな国際合意は無残にも破られ、一九世紀、あるいは第二次大戦前の無法世界に逆戻りした印象だ。グローバリズムの進展とともに非軍事を原則とする国際秩序が到来したはずだったが、ウクライナ戦争はその時代を終焉させたように見える。

しかし、ロシアに対して米欧日が科した経済制裁は、ロシアに米ドルやユーロ、英ポンド、日本円を使わせず、国際決済システムから排除する金融制裁であり、またロシアからのエネルギー輸入を削減するという厳しいものだ。国際銀行間通信協会（ＳＷＩＦＴ）やドル決済、天然ガス、先端技術が制裁を成功させるカギであるのだが、これらは物理的に輸出入を止めて兵糧攻めにする過去の制裁に比べてグローバル時代ならではの新規性を印象づけた。

戦争のアクターも正規軍だけでなく、双方の義勇兵、民間ハッカー、アノニマス集団など多彩であり、国家の枠を超えている。

そして報道もまた進化を見せた。ウクライナ戦争の報道には、国際報道の今後をめぐるヒントがいくつか隠されている。これからそのヒントを見ていきたい。

†現地メディアの映像

まず先述したウクライナの迫力ある映像を、日本も含めて外国メディアはどうやって入手しているのだろうか。

ウクライナの激戦地に記者を出せていない場合が多いのだが、ウクライナの現地メディア、政府、自治体、市民が生々しい映像を撮り、それを地球の隅々まで届ける力を持つ映像通信社のＡＰＴＮやロイターテレビ、そしてＣＮＮ、ＢＢＣといった米英テレビメディアが世界に向けて配信している。日本など各国のメディアもそうした映像を使うことで、世界中が戦争の惨劇を知るのだ。

また、各メディアは市民から直接映像の提供を受ける映像受付BOXのような仕組みをつくっているし、ユーチューブやSNSに掲載された映像を許可を得て使用することもできる。

　こうしたジャーナリストではなく市民が撮影した映像をメディアが使用する仕組みは二〇二〇年から世界を襲った新型コロナウイルス感染症の報道で多用された。コロナ禍では病院で亡くなる感染者に家族が最後の別れも告げられないなど、悲しい体験が続いた。取材者も医療逼迫の病院事情や院内の様子を医師や看護師に撮影してもらい、それを編集して報じた。家庭療養の患者を診療する医師にもお願いした。介護施設などでも同様だ。

　活字時代にも密室の会議や打ち合わせの模様を出席者に再現してもらい、それを報じる手法が行われてきた。つまり、現場に行って記者が見聞きできないときはジャーナリストでない人に目となり耳となることを頼んできたのだ。コロナの病棟取材やウクライナの戦場取材はその延長である。

　問題は政府やその意向にそった市民がプロパガンダの意識をもって過剰な撮影をしたり、まったくのフェイクニュースを作り上げたりする懸念があることだ。メディアの真贋《しんがん》や公平性の判定力が問われる。

　ウクライナ戦争ではロシア、ウクライナ双方がさまざまな発表をした。開戦前からロシアはウクライナ領内のロシア系住民が政府による迫害を受けていると非難し、ウクライナ政府はそれを否定し、ウクライナがロシア軍による虐殺を報告すれば、ロシアが否定した。

ただ、プーチンが侵攻前に「侵攻の意図はない」と言っておきながらあっけなく侵攻したことなど、ロシア側の説明が虚偽を多く含んでいることから、この戦争に限ってはロシアの発信はより精査しなければならない、という結論になる。ゼレンスキーは「味方」である先進国の信頼を失いたくないから、すぐに発覚するような虚偽は発言しないだろう、という見通しもある。

†カダフィ殺害のスクープ

目の間で繰り広げられるニュースをスマホで撮影し拡散させる市民は、メディアの自前取材よりはるかに広く速くニュースを入手できる。自前取材まで待っていてはメディアのニュース報道は大きく後れをとるのが今の時代だ。

象徴的だったのは、二〇一一年一〇月二〇日に起きたリビアの最高指導者カダフィ大佐の殺害である。カダフィ政権の崩壊は一時代を画する事件だが、その場にいた人物がリビア中部のシルテの下水管の中で撃たれて死んでいるカダフィの顔を撮影しＳＮＳにアップした。カダフィが所有していた黄金の銃を自慢そうに見せる若者の姿もあった。その映像はカダフィ派の国民評議会の発表よりもはるかに早く、瞬く間に世界に拡散した。メディアは現場でアマチュアが撮影した映像の後追いとなったのである。

二〇一〇年暮れに始まった「アラブの春」は反政府デモの現場から若者たちがスマホで送ってくる映像が世界のメディアにあふれた。そのクライマックスとも呼べるカダフィ殺害はメディアがいない場でアマチュアの手によるスクープ映像となった。

とはいえ、市民らが撮影した映像を使う仕組みに安住してしまうとメディアが記者を危険な現場に送らなくなる傾向を生む懸念もある。戦場は何と言っても生命の危険があるから、軍や政府、あるいは市民に頼みたくなる。日本政府が退避を求めている国・地域の場合も多い。メディアは自前で取材したものだけでニュースをつくるべきだというのは正論である。

†フェイク情報

戦争にはプロパガンダやフェイクニュースがつきものである。満州事変は中国側から攻撃があったとして始まったし、朝鮮戦争での北朝鮮の南進も南の挑発を受けた自衛行動と説明された。米国も米西戦争（一八九八年）のきっかけとなった米艦メイン号の爆破沈没事件や、ベトナム戦争への本格介入の契機となったトンキン湾事件（一九六四年）など、事実関係が不明のまま、軍事行動開始の口実にしてきた。

しかし、今回のウクライナ戦争でのロシアの虚偽発言、プロパガンダの連続には驚かされる。プーチンはゼレンスキーを麻薬中毒者でナチの一味であり、東部ドンバス地方の親ロシア系住民が「集団殺害」されていると述べた。さらには「演習後ロシア軍は本拠地に戻る」と言明しながら、特別軍事作戦という名の軍事侵攻を始めた。

第二次大戦での対ドイツ戦「大祖国戦争」の勝利が国民統合のシンボルであるからプーチンはこの歴史を持ち出して大義の薄い戦争に国民を駆り立てようとしたのだろうが、ウクライナもナチスによって多くのユダヤ人が殺害された歴史を持つからプーチン史観には普遍性がない。

戦争が始まってからは、原発への攻撃を「ウクライナの破壊工作グループから激しい攻撃を受けてロシア軍が報復した」と指摘し、「ウクライナを占領する計画はない」と言いながら、マリウポリなど都市を徹底的に破壊し親ロシアの首長にすげ替える傀儡化を進めた。また「ウクライナでは生物兵器や核兵器の開発が進んでいる」と事実と異なる説明をして今後の大量破壊兵器使用を正当化しようとする狙いを示唆した。ブチャなどでの「虐殺」もロシア軍の撤退後に起きたと、嘘に嘘を重ねている印象だ。

かつてプーチンとウクライナ問題で交渉した経験を持つフランスのオランド前大統領は

「彼は嘘をつくのが習慣だ」と語っている。

米英の情報戦

米英側の情報戦も盛んだ。それはメディアの戦争報道を左右している。

私はプーチンの最大の誤算は、ロシアの動きが逐一米英両国に筒抜けになり公開されてしまったことだと思う。クレムリンの深部に米英のスパイがいるに違いない。

中でも英国外務省が一月二二日に発表したウクライナ政権転覆未遂は衝撃的だった。ロシアがウクライナのゼレンスキー政権に代わって傀儡政権の擁立を画策しているとの情報だ。これはプーチンからすれば、戦争という大きな犠牲を払うことなくウクライナを親ロシア体制に替えられる。だが、英情報機関による暴露で工作は封じられ、結局戦争に追い込まれていった。

米英の情報機関は戦況についてもロシア軍の集結、進撃、停滞の状況を逐一公開し、特に補給の不備から部隊が足止めとなった模様やロシア軍幹部が多数ウクライナ軍の攻撃で死亡した事実を明らかにしていった。

普段は裏方に徹している情報機関トップも、議会証言や講演で「プーチンが状況を見誤り立腹している」「側近が楽観的な情報しか伝えていない」といったクレムリン深部の模様を明らかにし、また通信傍受の結果としてロシア兵が命令を拒み前線に行きたくないために兵器を破壊しているといった士気の衰えも暴露した。

情報機関のトップの発言だけに信用性があると受け止められ、またロシア側の混乱を活写したために、日本も含めて西側メディアは飛びついた。プーチンの盟友である習近平・中国国家主席がロシア軍の暴虐ぶりに「戸惑っている」、ブチャ「虐殺」に中国政府高官は「驚嘆した」などの米情報も関心を集めた。

本来機密である情報を開示した理由を、米政府高官はロシアが秘密に計画する軍事行動の機先を制し破綻させる狙いだと説明する。こうした情報は、ウクライナの士気を高め西側同盟国の結束を固める狙いもある。

私は湾岸戦争以来、米国が戦時にいかに巧みに国際世論を操作するかをみてきた。その経験からして差し引いて判断する必要があると思う。メディアはその見極めが重要だ。ロシアの暴挙がひどく、しかもロシア側の情報があまりに事実と異なるために、米国を中心とする西側情報に頼りたくなる。だが、一辺倒は事態を見誤る恐れがある。

†ウクライナのIT軍

ウクライナ戦争が情報戦争であるもう一つの側面は、ウクライナ政府が創設したIT軍の活躍だ。三一歳のデジタル転換相のミハイロ・フョードロフが中心となり、ロシア軍の進軍や退却の動きについて分刻みで市民から映像情報を集めてロシア軍の展開を特定する仕組みをつくった。ロシア軍が集合住宅などを無差別に攻撃していることを証明する現場のビデオ映像や投降したロシア兵が戦争とは知らず訓練もなく動員させられたとの証言も公開した。

SNS情報や公開されている衛星画像からロシア軍の動きをさぐる手法は「オシント」（オープンソース・インテリジェンス）と呼ばれる。公開情報分析と呼ぶべきだろうか。

ウクライナ戦争では国際人権団体「アムネスティ・インターナショナル」がSNSに流れた動画を分析し、非人道性がきわめて高いクラスター爆弾をロシア軍が使用したと特定した例が有名だ。またオンライン調査グループ「ベリングキャット」は親ロ派武装勢力が開戦前にウクライナ側から攻撃があったと主張する動画が実は自作自演であることを明らかにした。その動画には一〇年以上前のフィンランド軍の演習の映像が使われていたのだ。

ベリングキャットを創設したエリオット・ヒギンズは「オシントの専門家たちはこれまでもさまざまな分析をしてきたが、現在進行形の戦争で日々真実の究明に貢献するのは初めてだ」と述べている。

ベリングキャットは二〇一四年七月にウクライナのドンバス地方で起きたマレーシア航

空機の撃墜事件で、親ロ派武装組織の犯行であると特定し、のちの起訴につなげた。また英国で二〇一八年三月に起きた元ロシアスパイであるセルゲイ・スクリパリ親子の毒物襲撃事件でも、容疑者がロシア軍参謀本部情報総局（GRU）の大佐らであると特定している。このほかシリアでの化学兵器使用やロシアの反体制派活動家アレクセイ・ナワリヌイの暗殺未遂事件の調査でスクープをものにした。「インターネット探偵団」と自らを呼んでいる。

もう一つのIT軍の任務は、外国人も含めて民間のハッカーらを募って義勇兵としてロシアに対するサイバー攻撃を仕掛けていることだ。政府機関、軍、証券取引所、金融機関、エネルギー企業、IT企業、さらにベラルーシの企業などその標的は広がった。報道規制によってロシア国内に戦争の現実が伝えられていないことから、ロシアの一般市民に向けて戦場の写真なども送り覚醒を促した。IT軍にはベラルーシの反体制派ハッカー集団「サイバーパルチザン」も協力している。

また複数の米国の広報企業がウクライナ政府と顧問契約を結び、ITを活用した国際世論形成や米議員への働きかけでアドバイスをしている。国際世論や先進国の議会はウクライナ支援で結束しており、こうした戦略は成功していると言える。旧ユーゴスラビア紛争で米広告代理店がセルビア人勢力を「悪」とするキャンペーンで成功した例を思い出させる。

　国際世論を動かすキャンペーンでは、ロシアで展開する外国企業のリストを公開して撤退を促したイエール大学のジェフリー・ソネンフェルド教授の研究チームも威力を発揮し、日本企業もリストアップされた。

†真贋を見極めるメディア

　この戦争では誰もが嘘と見抜けるフェイクニュースも流れた。ウクライナのゼレンスキー大統領が「武器を捨てて家族の元へ帰れ」とウクライナ軍に投降を呼びかける映像である。三月一六日にウクライナメディアのウェブサイトに現れ、世界に拡散した。そもそも徹底抗戦を呼びかけるゼレンスキーのこれまでの言動と正反対の発言だし、映像のゼレンスキーの顔と体の動きにずれがある。すぐにディープフェイクと判明し、翌日にはＳＮＳから削除された。またプーチンが「ウクライナと和平で合意した」と発言する「偽プーチン」の映像も登場した。

　国際連携組織ＩＦＣＮ（インターナショナル・ファクトチェッキング・ネットワーク）はウクライナ戦争に関して一八六四件のフェイクニュースやフェイクビデオを暴露している（二〇二二年六月五日時点）。「ゼレンスキーの娘」が父親はナチだと泣きながら告白する映像もあるが、この女性はゼレンスキーの娘でなく、ゼレンスキーについて語ってもいないまったく無関係の映像だった。

米調査企業ミトスラボによると、世論攪乱《かくらん》を狙ったとみられるフェイクニュースはロシア軍が対ウクライナ国境に集結し始めた二〇二一年秋から増え始め、侵攻が始まった二〇二二年二月には激増した。プーチン政権とのつながりは不明だが、ロシアの圧力強化に呼応して官民のフェイクニュース制作組織が一斉に活動を強めたとみられる。同社によるとこの時期、中国国営メディア関連のアカウントからの親ロシア的な発信も増えた。

こうしたフェイクニュースは簡単に「嘘」とわかるものが多いが、「戦争の霧」と呼ばれる戦時の情報混乱の中で、メディアは戦争を行っている政府や軍、市民らからもたらされる膨大な情報を的確に識別できるだろうか。これまでも偽情報はあったが、情報や映像、画像のでっち上げが容易で、しかもインターネットが情報を信じられないスピードと広がりを持って拡散する時代に、メディアの識別能力は重要度を増している。

メディアはどうやってフェイクニュースを識別しているのだろうか。これについてはBBCの偽情報検証チームが伝えている「ウクライナのSNS投稿の検証方法」と、『ニューヨーク・タイムズ』ウェブサイトの「いかにわれわれは情報を確認しているか」が参考になる。

ＢＢＣもニューヨーク・タイムズも、検索ソフトなどを使って他の映像とのチェックやコンテンツ内に映っている細かい部分を調べて撮られた映像の真贋を見極めるとしている。たとえば、ハルキウの住宅地でロシア軍が殺傷力の強いクラスター爆弾を使ったとされる映像は、中に入っている子爆弾の飛来の仕方や子爆弾そのものの映像から、ロシア製のクラスター爆弾であると特定した。ウクライナ製ではないかとの指摘もあったが、映像をよく見ると製造年が刻印されており、ウクライナでは作られていない年のものだった。

また、爆撃されたマリウポリの産科病院で逃げる妊婦の映像をロシアはやらせだと主張したが、この妊婦のインスタグラムなどを調べて彼女が当時その産科病院に出産を控えて入院していた事実を突き止めた。これらは今ではどのメディアも行っているフェイク投稿に引っかからない手だてである。過去には日本メディアもフェイク動画に引っかかったが、メディアの側も鍛錬ができてきた。

ＢＢＣの偽情報検証チームは「映像に含まれる政治目的はなにかと常に探り常に疑いを持つことが大事だ」と述べている。

『ニューヨーク・タイムズ』は、ウクライナ戦争では数十人のジャーナリストが取材に取り組んでおり、さまざまな提供映像をチェックしている。同紙はロシア軍の無線も傍受して、実際にどこで活動しているかを把握したこともあるようだ。戦果の発表などはロシア軍もウクライナ軍も水増ししており、死傷者については国連など第三者の信頼できる機関の数字を優先しているという。同時に「本紙は独自にはこれらの数字を確認できていない」と付記している。

†ロシア側の声

ロシア軍による虐殺が発覚するなどウクライナ戦争の報道が日々続いていた二〇二二年四月、私は日本の若者二〇人にウクライナ戦争の報道についてアンケートをとってみた。

そのうち一二人がロシア人の考えをもっと伝えるべきだと答えた。日本のメディアがウクライナ側に立っている、ヒステリックなまでにロシアが悪いと報道している、一方的にプーチンが悪者にされている、といった声も聞かれた。これらの学生たちは戦争であるから双方にそれなりの理由があるのに、ロシア側の主張は表面的にしか報じられていない、と不満を感じているようだ。

確かにウクライナの人々が戦禍におののく様子は大量に報じられるが、ロシア市民の本音は伝わってこない。ロシア人は官製メディアを信じて戦争への疑問を持っていないといった単純化した見方や、反戦の声も出ているが力になっていないという総括が報じられる程度である。

ロシアがフェイスブックやツイッターの利用を禁止し、反戦的な報道をした記者を最高で懲役一五年の刑罰に処す法を開戦後に制定したことで、ロシアからの報道は制限されている。日本のメディアはモスクワに特派員を派遣しているが、ロシアの一般市民の複雑な思いを丹念に拾い上げたり、反戦運動に密着してその活動を報じたりすれば、記者が投獄される懸念がある。慎重にならざるを得ない。

日本も含めて西側陣営がウクライナ支援で一色となる中で、どうしてもウクライナ軍の抵抗をたたえて報道しがちになる。もちろんウクライナも戦時だから情報統制をしている。軍事施設や兵器、軍車両、兵士などを勝手に撮影したとして一時拘束された記者もいる。一方でウクライナ側は自分たちがアピールしたい映像や写真、情報を積極的に公開して国際的な支持獲得を進めている。またウクライナ兵の死傷者数については発表しないという軍の意向を受け入れて、メディアも報じていない。

私がアンケートした若者の声は、日本人が国際ニュースに関心を持ちながらも冷静に接している様子をうかがわせる。彼らは軍事侵攻したロシアに非があることを知っている。だからこそ表面的な戦況や市民の死傷だけでなく、こんな悲劇がなぜ起こるのかという、深い理由を知りたがっているのだ。

これはこの戦争の報道でメディア研究者らが指摘している「欧米視点からの分析が多く、

パワーゲームとして戦争を見ている」との批判に通じる。日本メディアはもともと欧米メディアの影響を受ける。日本政府もウクライナ支援の立場をとっている。このため、ロシア側の主張の正当性を真剣に検証する報道が不足しているのだ。

4　日本人の視点

これまでウクライナ戦争と報道について説明してきた。最後に長く国際報道に携わってきた経験から、いくつかのアイディアを出したい。

†欧米メディアの活用

日本の国際報道の質の向上については、専門家から多岐にわたる提案がされている。現地人スタッフの育成、現地メディアの活用などが求められている。発生の第一報は現地メディアや欧米メディアにまかせて、日本人記者はその事案が起きた理由・背景、そして今後どんなインパクトを世界や日本に与えるかの展望に集中するという「分業」も提案されてきた。

日本における国際報道の質、量の不足は批判されるべきだ。その背景には日本人が国際ニュースへの関心を失っていたという動かしがたい事実がある。メディアの伝える努力も足りないだろう。

CNNやBBC、あるいは『ニューヨーク・タイムズ』、ドイツの『シュピーゲル』など海外メディアをインターネットでリアルタイムに購読、視聴できるし、すべてではないが日本語訳も目にできる。日本メディアが国際ニュースをすべて深く広くカバーすることはできないのだから、こうした海外メディアを活用するのは良い方法であるし、実際行われている。

すべてを日本人記者が取材しろという極論は成り立たない。手数が足りないし、戦場など入りにくいところも多い。欧米メディアも同じ理由で現地メディアの報道に頼っているし、現地の記者を臨時に雇って報道させている。

†現地人記者との連携

欧米メディアの国際報道記者の中での本社派遣記者と現地記者の割合はよくわからないのだが、一つの指標はジャーナリストの犠牲者の中での現地人の多さだ。ニューヨークに本部を置く非営利団体「ジャーナリスト保護委員会」が発表している統計では、一九九二年以来、世界で一四四〇人の報道関係者が取材にかかわる仕事で命を落としているが、そのうち現地人の報道関係者は一二七二人で外国人は一六八人である。戦争や紛争、あるいは危険地で命を落としている記者のほとんどが現地記者なのだ。

ウクライナ戦争でも五月末段階で八人の報道関係者が死亡しているが、そのうち四人はウクライナ人であり、一人はFOXテレビの仕事をしており、別の一人はフリーランスでBBC、ロイター通信などの仕事をしていた。

これらの数字が物語るのは、国際メディアは現地のジャーナリスト、現地メディアの助けを常に借りているし、彼らの取材成果を基盤として成り立っているということだ。米メディアで働いた日本人フォトグラファーは、『ニューヨーク・タイムズ』でさえ写真に関しては大半が世界に散らばるフリーランサーが仕事をこなしている、と述べている。

日本メディアの場合は欧米メディアに比べて、現地人ジャーナリストを十分に雇用、連携できていない。助手や通訳はもちろんだが、現地政府にソースを持ち信頼できる記事を書ける現地ジャーナリストの存在が不可欠である。

またフリーの経験豊富な日本人ジャーナリストがたくさんいるから、彼らと安定した契約を結んでより長期的に報道してもらうべきだ。危険地に派遣する場合は万一の場合の対応なども含めて体制をしっかり確立する必要がある。

私が国際ニュースの取材を始めた一九八〇年代末は、日本経済がバブル期だったこともあり、旧ソ連でも東欧でも中東でも日本メディアは多数の取材班を送り込んでいて、日本メディアの正社員記者に次々と出会った。海外支局の数も多かった。だが、今はそんな財政的な余裕はない。となると、いかにニュースが起きている現地メディア、あるいは取材ネットワークがある欧米メディア、フリージャーナリストを活用するかが重要になる。

もちろん欧米メディアは日本以上に財政面で危機的状況だから海外支局が閉鎖され、自前取材は縮小する一方だ。だが、彼らは世界では圧倒的に広い英語マーケットを持っているから、現地の優秀な記者が売り込んでくるという強みがある。短期的に契約を結んで記者証の発給を保証し、取材成果を提供してもらうのだ。

大きな日々の流れを伝えるいわゆる基幹ニュースは、外国メディアや通信社報道を基に本社でつくり、現場に展開する記者がルポ取材に当たるのは今では一般的だが、もっと充実させるべきだ。紛争などで善悪を簡単に決定するのではなく、複眼、三眼の視点をかみ合わせた報道も求められている。そのために高い分析力を備えた専門記者を育てる必要性も言われてきた。

†オシントの活用

世界のメディアが力を入れているのが、公開情報の活用だ。「オシント」については先述した通りだが、その先駆けであるベリングキャットの成果をみると、公開されている映像・写真や公文書、ＳＮＳの会話を深掘りすることで相当な情報を得られることがわかる。各国の警察など捜査当局も投げ出した事件の解決のきっかけを発見している。国際報道では現場に行けない場合も多い。その際にはオシントによる何らかの新たな情報の付加は意味があるはずだ。

ウクライナ戦争では民間衛星が撮影した解析度が高い写真を基にロシア軍の配置を明るみに出して侵攻が迫っている様子を記事にし、「部隊を撤収させる」といった虚偽の説明を見破った。軍部隊の動きなど秘密中の秘密であり、これまでは政府の発表を、それが嘘であってもそのまま報じていたことを思い出すと大きな進歩である。

ベリングキャットなどが定期的に開催するオシント専門家育成のためのワークショップで、公開情報をいかに活用して事実に迫るかという技術を最大限得られる。オシントにはソーシャル・データ・サイエンスの専門知識やネット情報を使う際の法律的な制約などが必要だから、一般的なネット検索を超えた体系的な学習が求められる。

日本メディアもこの戦争では、日本経済新聞が衛星データの解析やフェイク動画の分析で独自にオシントを活用して成果を上げた。またＮＨＫはミャンマーでの軍事クーデターへの抗議活動中に起こった女性の死の真相などにオシントで迫った番組を次々と放映し、二〇二一年度の新聞協会賞を受賞した。両社ともベリングキャットのオシント研修を受けて技術を磨いたという。

もちろん、ネット情報の収集・分析だけではインパクトのある記事は書きにくい。ジャーナリストは、オシントで得られた情報を基に現場に行って目撃者にインタビューして情景とともに描く必要がある。オシントでは得られない、生身の人間の息遣いが現場にはあるから、そこに足を踏み入れた記者の心に何かが湧き立つ。それが独自の視点を生んで記事を深めていくのだ。

†メディア間の協力

メディアは自由競争がルールである。良い記事の根本にあるのは、記者が持つ問題意識や記事にするための執着だ。自由競争がなければ、メディアは横並びになりスクープがなくなり政府のコントロールが強まる。その結果は健全な民主主義のために必要な権力監視機能の喪失であり、国民は良質な情報を入手できなくなる。

メディアの過熱取材は報道被害を生む場合がある。そうした面は直さなければならないが、日本のメディアから自由競争の精神が失われれば、中国やロシアのような政権を批判しない官製メディアになってしまう。だからメディア間の協力と聞くと、うさん臭さを感じてしまう。

ただ、国際報道は国内と違う取材の困難さがあるために協力が大きな成果を生むことも多い。

その一つが税逃れに使われるタックスヘイブン（租税回避地）の実像を暴いた「パナマ文書」報道だ。世界の調査報道記者が集う「国際調査報道ジャーナリスト連合」（ＩＣＩＪ）は、タックスヘイブン法人の設立を代行するパナマの法律事務所から流出した一一五〇万通もの文書を協力して読み解き、関係者の取材をして二〇一六年に一斉に記事にした。

この報道でプーチン大統領の盟友や習近平・国家主席の親族、イギリスのデビッド・キャメロン首相の父親が不透明な金を動かしていた実態が明らかになった。アイスランドのシグムンドゥル・グンロイグソン首相は税逃れを怒る世論の猛反発を受けて辞任した。先進国でつくる経済協力開発機構（ＯＥＣＤ）は租税回避対策の強化を決めた。

法律文書は難解だし複雑な税法の理解が必要だから、一一五〇万通もの文書を記者が一人で解読して記事にするのは不可能だ。世界各国の首脳らに直接取材する必要もある。このため、ＩＣＩＪという国を超えた報道連合が力を発揮した。ＩＣＩＪはその後もパラダイス文書（二〇一七年）、パンドラ文書（二一年）などを入手し、租税回避地での権力者やセレブの蓄財を伝えてきた。

ＩＣＩＪに参加した共同通信の澤康臣《さわやすおみ》（現・専修大学教授）は、著書『グローバル・ジャーナリズム』で「人と情報が国境を越え、時代はもう逆行しない。ジャーナリズムのグローバル化は進む」と述べ、国境を越えた記者の連帯の必要性を指摘している。

ＩＣＩＪのほかにも、アゼルバイジャンの大統領一家の金脈を探るためにスウェーデンの調査報道記者が協力したり、アフリカ南部で富を蓄えるイタリア・マフィアの実態をイタリアとアフリカの記者が協力したり、イスラエル企業が開発したスパイウェア「ペガサス」による野党政治家や人権団体への監視を暴露する「ペガサス・プロジェクト」に共同で参加するなど、さまざまな国際協力が成果を上げている。調査報道のノウハウを伝えるセミナーなどもジャーナリストの国際団体が盛んに開催しているから、日本の記者はこうした場を大いに利用すべきだ。

国際的なメディア関連の連合組織は、世界新聞・ニュース発行者協会（ＷＡＮ－ＩＦＲＡ）、国際新聞編集者協会（ＩＰＩ）、国際ジャーナリスト連盟（ＩＦＪ）、ジャーナリスト保護委員会（ＣＰＪ）などもある。日本の記者は概して国際的な組織への参加に消極的だ。自分の担当分野や興味あるテーマの取材にのめりこんでおり、国際組織に参加する余裕はない、というのが本音である。

私が理事を務めているＩＰＩは「報道の自由」を擁護するための活動で知られる。二〇二一年にノーベル平和賞を受賞したフィリピンのインターネットメディア代表マリア・レッサも理事の一人だ。ＩＰＩは世界のメディア弾圧を監視し、抗議活動を続けている。

記者の国際団体に関心がなかった私だが、ウクライナ戦争で多くのジャーナリストが命を落としたり、迫害を受けたりしている事実を記録したＩＰＩ報告を読むと、記者の仕事の重大性をあらためて感じる。日本の恵まれた報道環境の中で十分な仕事をしていないことを恥じるとともに、もっと深いものを書いていこうと刺激を受ける。ＩＣＩＪのような取材協力はまれな例だが、国際組織に参加して各国記者団の奮闘を知り覚醒するだけでも意味がある。

†国際発信の強化

日本からの国際発信の強化も必要だ。日本からの国際発信が充実していれば、外国における日本の重要性への理解が深まるだけでなく、日本人記者の外国での取材が楽になる。日本は世界第三位の経済大国であり、自由主義陣営の有力国として国際社会で行動している。漫画やアニメなど文化的な魅力を持ち、そして非核兵器保有国の平和主義の国である。そうした点から国際社会において敬意を払われている国である。

こうした日本の特性は、国際取材において役に立つ。私は世界中のどこへ行っても日本を知らない人に会ったことがない。しかもそのイメージは概して良い。歴史問題を抱える中国や韓国であっても、国民の間での日本評価は総じて低くない。

日本関連のニュースだけでなく外国のニュースを発信する場合は、国際的なマーケットを常に意識すべきだ。なぜ英米メディアが世界で影響力を持つかと言えば、それは英語が地球語であるからだ。英米メディアに伝えてもらえば世界に届くから、ニュースの当事者は英米メディアに話したがるし、取材の便宜も図る。

その意味では日本語マーケット、つまり日本国内だけにしか伝わらない日本メディアは圧倒的に不利だ。中国やロシアのメディアが盛んに英語発信しているのはその壁を打ち破るためだ。日本メディアも英語発信が欠かせない。

これは記者が英語で新聞記事を書いたり、テレビ記者が英語で現場レポートをしたりすることではない。記事はＡＩでこなれた英語に翻訳可能だし、テレビレポートも英語字幕をつけられる。むしろ国際的に関心を集める独自取材や独自映像を狙うべきだ。そしてメディア企業は常にそれらのコンテンツを国際的に売り込む態勢をとるべきである。

国際発信の結果、日本の良さや重要性がさらに世界に知れ渡れば、外国の人々は日本から来た記者にきちんと向き合おうとするようになり、取材の質が上がる。現場では他国の記者との情報交換が欠かせない。日本の重みを知り、そして何よりも報道の自由というメディア界の原則を共有しているという安心感があれば、各国記者は情報交換に応じる。

†日本人への訴求力

ウクライナ戦争のような大ニュースは、その大部分を欧米メディアが伝え切ってしまう。日本メディアはそうした欧米メディアを基にした報道にならざるを得ない。遠い国で起きている戦争だし、ロシアや米国、NATO、あるいは中国という大国の動きが焦点だから、日本の出る幕がないのは確かだ。

しかし、それだけではこの本で何度も触れてきた翻訳・紹介報道である。日本人の視点がない。戦争を取材する記者も本社で原稿を編集するデスクも、日本人としての思い、意識を咀嚼して記事に生かさなければ、読者、視聴者である日本人に訴求するコンテンツはできない。

それでは日本人の視点とは何だろうか。改めて考えてみたい。

ウクライナ戦争の場合は、二つの考え方がぶつかった。人命の重さを考えて一刻も早い停戦を願う考えと、ロシアの非道を許してはならず徹底的にウクライナを支援してロシアを敗北に追い込むべきだという考えだ。日本では平和主義の思想から「停戦派」が比較的多い。一方欧米は「徹底抗戦派」である。

だがこの違いを反映して戦争を報道するのが、日本の国際報道の特色ではないか。「なぜウクライナは徹底抗戦なのか」「ウクライナ人で戦争をやめたい人はいないのか」という視点である。同時に、ロシア軍の残虐行為を目の当たりにすると、「停戦」は人命を守ることにつながるのか、という問いが当然浮かぶ。これはロシアにも言える。「ロシア人で戦争に反対しているのは本当に少数派なのか」という疑問だ。

†外から見る強み

日本人に意義ある国際報道なんてできるのか、と質問を受けるたびに、私は、最も秀逸な米国論はアレクシ・ド・トクヴィル（一八〇五―五九年）の『アメリカのデモクラシー』だと答えている。トクヴィルはフランス人。この本は一九世紀前半の米国滞在記である。なぜ、フランス人に最高の米国論が書けたのか。

それは、外国人だからこそ米国人には許されない「アメリカの理念」への批判ができたからだ。トクヴィルは、自由、個人主義、民主主義などをたたえながらも、それらが持つ欠陥を指摘した。個人主義と平等意識が広がれば、自分で考えることなく全体に追従するという「多数の圧政」や、宗教心の希薄化がもたらす「人間の有限性」の忘却だ。今の米国が陥った深い闇は彼の予想通りと言えるのではないか。

トクヴィルはフランスの貴族階級の出身であり、フランス革命がもたらした荒廃を知っていた。だからこそ「アメリカの理念」の暗部に切り込むことができた。

かなりの米国民がトランプに引き寄せられるという現実は、「アメリカの理念」をシンボルとする実験国家が今のままでは限界に到達したということだろう。米国人が建国の父たちや憲法を批判することを禁忌とするのを見ると、その理念の限界をずばり指摘するのは、臆することない外国人ジャーナリストなのではないか、と思う。

外国人だからこそ、激動の世界を後世に残る記録として残せた人物には、ロシア革命を記録した『世界をゆるがした十日間』を著したジョン・リードや、中国革命を描いた『中国の赤い星』のエドガー・スノウが挙げられる。リードはロシア革命を指導したボリシェビキから密着取材を許され、スノウは毛沢東に長時間インタビューしている。

二人とも革命を持ち上げすぎであり、結果的にプロパガンダに使われたのは間違いない。だが、ロシア人や中国人がこれらの革命をインパクトがあるかたちで世界に発信できなかったのは、彼らにはそれを記録に残すことが許されず、また自国で起きている世界的大ニュースの意義をしっかりと把握し世界に知ってもらおうという意思や能力がなかったからだろう。

これに対してリードやスノウは二つの革命が世界に地殻変動をもたらす大ニュースであ

ることを正確に把握し、欧米人をはじめ世界が理解できるような視点と言語で描いた。内側の論理に閉じこもるロシア人や中国人にはそれができなかった。二人は革命に同情しすぎたという批判を差し引いても世界へ伝えたことの成果は大きい。

それはこの本の第1章で紹介したベトナム戦争の報道に挑戦した岡村昭彦や開高健、そしてナチスのユダヤ人虐殺の意味をアイヒマン裁判で解き明かそうとした村松剛もそうである。外国人である日本人が独自の視点で大ニュースを描くことで、波及力のある報道が可能になったのだ。

†チャンスがある日本の国際報道

強権化する習近平時代の現代中国論を書くのは、もちろん中国人記者ではない。米国人ら欧米の記者の可能性があるが、北京や上海、香港にいる日本人記者にも十分そのチャンスはある。あるいは異形ぶりをさらしたロシアを鋭く解明するのも、もちろん報道の自由がないロシア人記者ではない。その意味では日本人記者に機会があるのだ。

日本の国際報道は今後も素材を外国メディアに依存する。それは恥ずかしいことではない。大事なのは、思考と論理については「日本人の視点」にもっと自信を持つことだ。

なぜかと言えば、世界を善悪で分ける、あるいは「自由民主主義」対「権威主義」、「欧米」対「アジア・中東・アフリカ」といった二分法で切り分けるような見方では描けない世界の複雑な現実を伝える深みが日本からの視点にはあるからだ。善悪の二分法は世界のいたるところで壁にぶつかっている。米国ではイデオロギー対立が政治をマヒさせ国力を奪い、世界を指導する権威を大きく損なっている。

一方で権威主義国家に明るい将来はない。ウクライナ戦争が暴いた独裁的な統治は、いかなる修辞を使っても人間の否定であり、この統治モデルが世界を魅了するわけがない。

苛烈な世界で日本は核兵器も資源も持たずに国を築いてきた。日本を支えているのは、対立を好まず妥協を見いだそうとする国民性や包摂的な文化の力など日本人の思考、あるいは生き様であろう。それらは日本のジャーナリズムにもいっそう反映すべきである。ウクライナ戦争で言うならば、ロシアの暴挙を否定し、自由民主主義の理想を掲げながらも、権威主義が世界から一掃されない現実世界の複雑さをわれわれは知っている。そのうえで実現可能性のある道を探る報道ができるのは日本の強みだと思う。

国際社会はわれわれの予想を超えて動く。そこには理想や思い込みは通用しない。幻想やロマンを除きファクトに基づく冷静な分析が何よりも求められる。同時に安易な二分法に陥らずに、各国の理念や正義を批判的に論じる姿勢が、混迷する世界の将来を予想する最善の方法であろう。

第1章で紹介した日野啓三はベトナム戦争の報道について、「何が事実かということをわれわれ自身がきわめて主体的に発見し、選び出し判断し見通して創り出してゆかなければならなかった」と述べている。開高健もベトナムの戦争取材に臨む思いを「徹底的に正真正銘のものに向けて私は体をたてたい。私は自身に形をあたえたい」という言葉で表した。

彼らは初めて日本人として国際紛争のホットスポットに乗り込み、手探りで報道にあたった。欧米メディアの受け売りだったそれまでの国際報道を打ち破り、自らの視点で判断しニュースを書き、そうすることで自身の、そして日本の主体性を確立する。そんな使命感がこれらの先駆者から感じられる。

国際報道に課せられた使命は今も変わっていない。

おわりに

この本の出発点にあるのは、三〇年以上国際報道に携わりながら今も抱く「日本の国際報道って何なのか」「結局は翻訳・紹介ではないのか」という疑問である。調べてみると、この疑問は私だけでなく、先輩の記者たちが悩みもがいて答えを見つけてきたものであることが分かった。二〇二一年度日本記者クラブ賞を国際報道への貢献を理由に受賞したことから国際報道について人前で話をする機会が増え、頭に浮かんできた疑問の「解」をまとめてみたのが本書である。

「日本の国際報道とは何か」という疑問はウクライナ戦争の報道でも頭をもたげた。欧米メディアが「欧州の戦争」「民主主義の戦争」と当事者意識を抱いて集中的に報道し、ITを駆使するウクライナメディアが迫力ある現地映像を送ってくる。はたして日本のメディアの出番はあるのか、という疑問である。戦場は危険だし翻訳・紹介でよいではないか、という考えも生まれてくる。

それでも自分の目で伝えたい、という思いは記者であれば強まる一方だ。それには三つの理由がある。世界の理不尽さを日本や世界に伝えて解決につなげたい、というジャーナリストの使命感がある。よりインパクトを持ち注目されるニュースを書きたいという功名心も否定できない。だがもっとも強く思うのは「良いも悪いも、世界でなぜこんなことが起こるのか」という世界の人が抱く疑問を満足させる回答をわかりやすく伝えたい、という思いだ。

ジャーナリストの仕事は社会にとって重要だとは思うが、ジャーナリストは英雄であるという評価を私はしない。社会にとって重要と言えば、すべての仕事が重要だ。注目されない英雄はどこにでもいる。むしろ現場や政策の一断面を切り取って伝え次の現場やテーマに移動するジャーナリストは、その現場でずっと暮らす人々やその政策を長期的に担う人々からすれば、取材が浅くお手軽だと不満を抱かれることもある。

ジャーナリストの思い上がりは、現実の世界で暮らす人々を上から目線で単純化して描く過ちにもつながる。淡々と低い視線で記事を書いていくべきだろう。

私は国際報道記者として仕事を続けるうちに、ニューヨークやワシントンなど政策決定の場を取材することが多くなった。私自身は戦場ジャーナリストではない。政策決定の取材を通して、どのように政策がつくられたのか、政策の失敗の背景にある問題は何かを調べ、将来を予想することで悲劇の再発を防ぐことに貢献したいと思っている。

この本は日本の国際報道について書きながら、かなりの部分は日本人の世界観について書いた。なぜかと言えば、私は報道とは記者と読者のキャッチボールだと思うからだ。

よく記事が読者に影響を与えている、と言われる。確かにそうだが、一方で読者が記者に影響を与えているのも間違いない。記者は、読者はきっとこうしたテーマに関心を持っているだろうと考えて書くからだ。読者に読んでもらえなければ、記事を書く意味はない。テレビニュースであれば、視聴者が何に関心を持っているかは視聴率で分かるし、インターネット時代には閲覧者数が多いか少ないかは把握できる。多くの人に読んでもらおうと記者が意識するのは当然だ。となると、読者の意向が記者に影響を与えることになる。

国際報道の場合は、記者は日本人の世界観を意識して書くことになる。日本人の考えとかけ離れたニュースの解釈はすんなりと人々の心に入り込めない。だから、国際報道は日本人の世界観、世界の見方を反映する。一方読者は記事を読んでその世界観を再確認し、同時に少し新しい発見をする。国際報道とは世界の見方をめぐる記者と読者のキャッチボールなのだ。

ウクライナの戦争があったためにこの本はより今日的な意味を持つものとなった。ベトナム戦争や中東での紛争取材、アメリカの報道の劣化、ロシアや中国の思想戦などに筆を進めていたところでウクライナ戦争が起きた。

ウクライナ戦争が世界を変えるインパクトを持つのは明らかだから、この戦争が報道に持つ意味を盛り込むのは当然であろう。その結果、ただでさえ難航した執筆作業は、戦争の行方が読めないこともあり、私の能力を超えた煩雑さとなった。現在進行形で進むこの激動を反映するというジャーナリストとしての責務を何とか果たせたのではないかと思っている。

ちくま新書の松田健編集長、田所健太郎氏にあらためて御礼を伝えたい。いつも繰り言ばかりを口にする私を励ましてくれる妻麻由美にありがとうと言いたい。

そして世界の真実を何とか自分なりの視点と手法で報じようと、今日も国際報道に挑戦するジャーナリストたちに「みながあなたのレポートを待っている」と伝えたい。

二〇二二年五月

参考文献

青木冨貴子『ライカでグッドバイ』文藝春秋、一九八一年
朝日新聞社編『朝日市民教室〈日本と中国〉4　展開する革命外交』朝日新聞社、一九七一年
朝日新聞「検証・昭和報道」取材班『新聞と「昭和」』朝日新聞出版、二〇一〇年
天児慧、高原明生、菱田雅晴編『証言戦後日中関係秘史』岩波書店、二〇二〇年
アメリカ学会編『アメリカ文化事典』丸善出版、二〇一八年
五十嵐智友『歴史の瞬間とジャーナリストたち』朝日新聞社、一九九九年
石澤靖治『アメリカ情報・文化支配の終焉』PHP新書、二〇一九年
石戸諭『ニュースの未来』光文社新書、二〇二一年
岩間優希『PANA通信社と戦後日本』人文書院、二〇一七年
岡村昭彦『岡村昭彦集1　南ヴェトナム戦争従軍記』筑摩書房、一九八六年
開高健『歩く影たち』新潮文庫、一九八二年
開高健『開高健全集第10巻　過去と未来の国々　声の狩人』新潮社、一九九二年
開高健『開高健全集第11巻　ベトナム戦記　サイゴンの十字架』新潮社、一九九二年
金子敦郎『国際報道最前線』リベルタ出版、一九九七年
亀山旭『ベトナム戦争』岩波新書、一九七二年

木村和寛『メディアは戦争にどうかかわってきたか』朝日新聞社、二〇〇五年
危険地報道を考えるジャーナリストの会編『ジャーナリストはなぜ「戦場」へ行くのか』集英社新書、二〇一五年
小玉武『評伝開高健』ちくま文庫、二〇二〇年
古森義久『ベトナム報道』筑摩書房、一九七八年
古森義久・近藤紘一『国際報道の現場から』中公新書、一九八四年
佐々木卓也編『戦後アメリカ外交史』有斐閣、二〇〇二年
櫻井良子『ちょっと問題！ TOKYO国際報道』講談社、一九八五年
澤康臣『グローバル・ジャーナリズム』岩波新書、二〇一七年
杉田弘毅『アメリカの制裁外交』岩波新書、二〇二〇年
杉田弘毅『「ポスト・グローバル時代」の地政学』新潮選書、二〇一七年
鈴木美勝『北方領土交渉史』ちくま新書、二〇二一年
瀬田宏『朝鮮戦争の六日間』六興出版、一九八八年
平和博「「武器」としてのフェイクの脅威」『新聞研究』二〇二二年五月号
高木徹『ドキュメント戦争広告代理店』講談社文庫、二〇〇五年
田川誠一『日中交流と自民党領袖たち』読売新聞社、一九八三年
武田徹『戦争報道』ちくま新書、二〇〇三年
谷沢永一『回想 開高健』新潮社、一九九二年
田原総一朗『ジャーナリズムの陥し穴』ちくま新書、二〇一一年

玉木明『「将軍」と呼ばれた男』洋泉社、一九九九年
筑紫哲也編『ジャーナリズムの条件1　職業としてのジャーナリスト』岩波書店、二〇〇五年
津山恵子「メディア界変えた「戦争」報道」『メディア展望』二〇二二年四月号
蓮池薫『拉致と決断』新潮文庫、二〇一五年
藤田博司、会田弘継、金重紘、我孫子和夫、田久保忠衛『メディア環境の変化と国際報道』公益財団法人
新聞通信調査会、二〇一二年
藤竹暁、竹下俊郎『図説 日本のメディア〔新版〕』NHKブックス、二〇一八年
本多勝一『戦場の村』朝日文庫、一九八一年
本多勝一『ベトナムはどうなっているのか?』朝日新聞社、一九七七年
日野啓三『ベトナム報道』現代ジャーナリズム出版会、一九六六年
村松剛『アルジェリア戦線従軍記』中央公論社、一九六二年
村松剛『新版　ナチズムとユダヤ人』角川新書、二〇一八年
門奈直樹『現代の戦争報道』岩波新書、二〇〇四年
矢野久美子『ハンナ・アーレント』中公新書、二〇一四年
渡辺光一『テレビ国際報道』岩波新書、一九九二年
渡辺光一編『マスメディアと国際政治』南窓社、二〇〇六年
フィリップ・ナイトリー『戦争報道の内幕』芳地昌三訳、時事通信社、一九八七年
サミュエル・ハンチントン『文明の衝突』鈴木主税訳、集英社、一九九八年
ルーク・ハーディング『共謀』高取芳彦・米津篤八・井上大剛訳、集英社、二〇一八年

トマス・バーネット『戦争はなぜ必要か』新崎京助訳、講談社インターナショナル、二〇〇四年
エリオット・ヒギンズ『ベリングキャット』安原和見訳、筑摩書房、二〇二二年
H・J・マッキンダー『マッキンダーの地政学』曽村保信訳、原書房、二〇〇八年
W・リップマン『世論』（上・下）掛川トミ子訳、岩波文庫、一九八七年
『放送研究と調査』二〇一七年七月号「米大統領選で世論調査は〝外れた〟のか」「ポスト真実 Post-truth の時代とマスメディアの揺らぎ」、二〇一九年一月号「記者殺害めぐり、深まる中東の対立」、二〇二〇年八月号「中東メディア大手MBCがリヤドへ移転へ、サウジアラビアの影響力強化に懸念の声」、二〇二一年三月号「カタール断交解消で Al Jazeera に変化」
『中央公論』二〇一八年七月号「特集　シャープパワーの脅威」
Reed, J., *Ten Days That Shook the World*. Penguin Group, 1988.

ちくま新書
1668

国際報道《こくさいほうどう》を問《と》いなおす
——ウクライナ戦争《せんそう》とメディアの使命《しめい》

二〇二二年七月一〇日　第一刷発行

著　者　杉田弘毅（すぎた・ひろき）

発行者　喜入冬子
発行所　株式会社　筑摩書房
東京都台東区蔵前二-五-三　郵便番号一一一-八七五五
電話番号〇三-五六八七-二六〇一（代表）
装幀者　間村俊一
印刷・製本　三松堂印刷　株式会社

本書をコピー、スキャニング等の方法により無許諾で複製することは、法令に規定された場合を除いて禁止されています。請負業者等の第三者によるデジタル化は一切認められていませんので、ご注意ください。

乱丁・落丁本の場合は、送料小社負担でお取り替えいたします。

© SUGITA Hiroki 2022　Printed in Japan

ISBN978-4-480-07494-2 C0236

ちくま新書

1530
メディア論の名著30
佐藤卓己
広く知られる古典から「読まれざる名著」まで、メディア研究の第一人者ならではの視点で解説。ウェブ時代にあってメディア論を深く知りたい人にとり最適の書！

1518
メディアが動かすアメリカ
――民主政治とジャーナリズム
渡辺将人
メディアは政治をいかに動かし、また動かされてきたのか。アメリカのテレビと選挙の現場を知り尽くした著者が解き明かす、超大国アメリカの知られざる姿。

1514
中東政治入門
末近浩太
パレスチナ問題、「アラブの春」、シリア内戦、「イスラーム国」、石油依存経済、米露の介入……中東が抱える複雑な問題を「理解」するために必読の決定版入門書。

1327
欧州ポピュリズム
――EU分断は避けられるか
庄司克宏
反移民、反グローバル化、反エリート、反リベラルが世界を席巻！　EUがポピュリズム危機に揺れる理由は、その統治機構と政策にあった。欧州政治の今がわかる！

1572
現代ロシアの軍事戦略
小泉悠
冷戦後、弱小国となったロシアはなぜ世界的な大国であり続けられるのか。メディアでも活躍する異能の研究者が戦争の最前線を読み解き、未来の世界情勢を占う。

1601
北方領土交渉史
鈴木美勝
「固有の領土」はまた遠ざかってしまった。歴代総理や官僚たちが挑み続け、ゆっくりであっても前進していた交渉が、安倍外交の大誤算で後退してしまった内幕。

1638
北朝鮮外交回顧録
山本栄二
拉致被害者の帰国はいかにして実現したのか。一九九〇年の金丸訪朝から二〇〇二年、〇四年の二度の小泉訪朝までの北朝鮮外交に従事した外交官による回想録。

ちくま新書

1033
平和構築入門
――その思想と方法を問いなおす
篠田英朗
平和はいかにしてつくられるものなのか。武力介入や犯罪処罰、開発援助、人命救助など、その実際的手法と背景にある思想をわかりやすく解説する、必読の入門書。

1111
平和のための戦争論
――集団的自衛権は何をもたらすのか？
植木千可子
「戦争をするか、否か」を決めるのは、私たちの責任になる。集団的自衛権の容認によって、日本と世界はどう変わるのか？　現実的な視点から徹底的に考えぬく。

1193
移民大国アメリカ
西山隆行
止まるところを知らない中南米移民。その増加への不満がいかに米国社会を蝕みつつあるのか。米国の移民問題の全容を解明し、日本に与える示唆を多角的に分析する。

1331
アメリカ政治講義
西山隆行
アメリカの政治はどのように動いているのか。その力学を歴史・制度・文化など多様な背景から解説。アメリカン・デモクラシーの考え方がわかる、入門書の決定版。

1262
分解するイギリス
――民主主義モデルの漂流
近藤康史
EU離脱、スコットランド独立――イギリスは政治の機能不全で分解に向かいつつある。もはや英国議会政治は民主主義のモデルたりえないのか。危機の深層に迫る。

1477
EU離脱
――イギリスとヨーロッパの地殻変動
鶴岡路人
ついに離脱を現実のものとしたイギリスが失うものとはなにか？　一枚岩になれないEUはどうなるのか？　なお問題山積のヨーロッパの現在を最も正確に論じる。

1345
ロシアと中国　反米の戦略
廣瀬陽子
孤立を避け資源を売りたいロシア。軍事技術が欲しい中国。米国一強の国際秩序への対抗……。だが、中露蜜月の舞台裏では熾烈な主導権争いが繰り広げられている。

ちくま新書

1223
日本と中国経済
——相互交流と衝突の一〇〇年
梶谷懐
「反日騒動」や「爆買い」は今に始まったことではない。近現代史を振り返ると日中の経済関係はアンビバレントに進んできた。この一〇〇年の政治経済を概観する。

1498
香港と日本
——記憶・表象・アイデンティティ
銭俊華
二〇一九年から続くデモ、中国大陸の同化政策、日本のサブカルチャーの受容や大日本帝国の記憶……香港出身の研究者が香港の現在と「日本」を考察する。

1185
台湾とは何か
野嶋剛
国力において圧倒的な中国・日本との関係を深化させる台湾。日中台の複雑な三角関係を波乱の歴史、台湾の社会・政治状況から解き明かし、日本の針路を提言。

1587
ミャンマー政変
——クーデターの深層を探る
北川成史
二〇二一年二月、ミャンマー国軍がアウンサンスーチー国家顧問らを拘束した。現地取材をもとに、この政変の背景にある国軍、民主派、少数民族の因縁を解明かす。

1428
アフリカを見る アフリカから見る
白戸圭一
もはやアフリカは哀れみの目で「援助」する対象ではない。アフリカ諸国の過去と現在をどうとらえ、日本はどうかかわっていくべきか。篠田英朗氏との対談も収録。

1167
大人のためのメディア論講義
石田英敬
情報産業が生みだす欲望に身を任せ、先端技術に自らの意識を預ける——24時間デジタル機器を手放せない現代人に何が起こったのか。2つのメディア革命を検証。

1362
沖縄報道
——日本のジャーナリズムの現在
山田健太
オスプレイは「不時着（読売・産経）」したのか「墜落（沖縄紙）」したのか——。沖縄をめぐる報道から、偏向、分断、ヘイトが生まれる構造を解き明かす。